现代教育的科学管理问题研究

张占成　著

西北工业大學出版社
西　安

【内容简介】 本书分为七章，内容包括教育管理的科学认识、教育管理理论源流、教育组织管理理论、教育资源及经费的科学配置、教育行政管理体制及其国内外发展、教育人力资源管理理论以及教育决策及决策的民主化等。

本书可供从事教育科学管理研究以及相关学科的工作的人员阅读。

图书在版编目（CIP）数据

现代教育的科学管理问题研究 / 张占成著. — 西安: 西北工业大学出版社, 2020.5
ISBN 978-7-5612-7059-2

I. ①现… II. ①张… III. ①教育管理-科学管理-研究-中国 IV. ①G526

中国版本图书馆 CIP 数据核字(2020)第 060144 号

XIANDAI JIAOYU DE KEXUE GUANLI WENTI YANJIU
现 代 教 育 的 科 学 管 理 问 题 研 究

责任编辑：张　友　　**策划编辑：**雷　鹏
责任校对：何格夫　　**装帧设计：**吴志宇
出版发行：西北工业大学出版社
通信地址：西安市友谊西路 127 号　　**邮编：**710072
电　　话：（029）88493844，88491757
网　　址：www.nwpup.com
印 刷 者：北京市兴怀印刷厂
开　　本：710 mm×1 000 mm　　1/16
印　　张：14
字　　数：227 千字
版　　次：2020 年 9 月第 1 版　　2020 年 9 月第 1 次印刷
定　　价：68.00 元

前　言

在2018年全国教育工作会议上，教育部部长陈宝生指出，当前我国教育正面临新的形势和任务，机遇前所未有，挑战前所未有，许多新情况、新问题都需要我们去面对、去解决。虽然我国教育整体大踏步前进，但局部差距依然存在，教育管理与教育模式还存在很大的提升空间，因此，加快我国教育改革的进程，促进教育管理与教育发展的科学化是当前我国教育工作的重中之重。

教育管理作为教育改革的突破口之一，在我国教育工作中有着重要的地位。从促进我国教育管理水平提升以及优化教育体制的角度来说，进行教育管理研究的主要出发点有以下几个：首先，教育管理的优化有利于转变教育思想，确立新的教育理念；思想是行动的先导，有了正确的教育思想，才能产生正确的教育行为。在社会进步的同时，要改变以往的教育思想，与社会连接，这样才能进步。通过开展教育研究，确立现代的办学理念和教育思想，把握正确方法、措施、途径。其次，教育管理水平的提升有助于解决教育实践中的问题，提高科学育人、科学管理的水平；社会要求把学生培养成为德、智、体、美全面发展，具有创新精神和实践能力的建设者和接班人。在教学的过程中，必然会遇到各种矛盾和问题，通过教学研究，促使人们自觉地钻研教育理论，运用理论去了解、分析、研究各种教育现象。再次，教育管理能够从微观层面改善学校的学术文化氛围，提高办学品位，形成学校特色；一个学校的发展必须重视学术文化的建设，形成学校特有的文化氛围。学术的形成和发展，教育研究具有不可代替的作用。通过教育研究，不仅可以获得科研成果，更重要的是可以增强师生的科研意识，提高他们的科学精神，使学校不断提升学术文化的水平。最后，教育管理的科学化能够帮助广大教师提升自己的专业水平；教师不但要具有精深的学科专业知识和比较广博的基础知识，而且要具有教育专业化的素养，具有现代教育理论的素养和创造地实践的能力。参加教育研究本身就是一种培训教师的有效途经，可以说是一种“校本培训”。

本书从我国教育管理的现实出发，分层次对我国教育的科学管理问题进行分析，主要内容包括教育管理的科学认识、教育管理理论源流、教育组织管理理论、教育资源及经费的科学配置、教育行政管理体制及其国内外发展、教育人力资源管理理论以及教育决策及决策的民主化等。本书结构清晰明了，内容丰富翔实，理论明确系统，具有全面性、实用性和可操作性等特点。

在撰写本书过程中参阅了相关研究成果和文献资料，在此谨向其作者表示最诚挚的谢意!

由于水平有限，书中疏漏和不当之处在所难免，恳请广大读者指正。

著　者

目　　录

第一章　教育管理的科学认识

第一节　教育管理的内涵

一、教育管理活动及其比较

（一）教育管理活动的意义

教育管理本身不是目的，而只是一种手段，其目的归根结底是保障全体公民的受教育权利，并为实现国家的教育理念、促进社会教育事业的发展创造条件。在现代社会条件下，为什么要对教育事业实施有效的管理呢？

第一，现代教育已构成一个规模庞大的事业。现代教育是在近代公共教育制度基础上发展起来的，从学前教育到中小学义务教育，从普通高等教育到在终身教育思想基础上发展起来的各类成人教育，现代教育已成为一个受众多、规模庞大的体系。在我国，与教育活动直接有关并被专家们称为“教育人口”的有两亿人之多。教育经费在很多国家是国家的第一大行政开支，超过了国防开支。面对如此庞大而又耗费资源的事业，对其听之任之，不去进行有效的领导和管理，显然是不可想象的。

第二，为了协调教育的发展。教育的发展要依赖于许多条件，诸如政治条件、经济条件、文化条件、地理条件等。国家越大，各地的差异性就越大，教育实施的主客观基础也就越不一致，这就需要通过有效的教育管理活动来协调教育的发展。即使在同一地区，学校之间也存在差距，因此也还是需要解决教育的协调问题。在教育管理过程中，最常用的协调手段包括经费补助、人员调配、师资培训、技术帮助等。

第三，为了合理规划和利用教育资源。一个国家再怎么富有，教育资源总是有限的。虽然教育不像工厂那样能立即产生经济价值，但人总是追求花最少的钱办最多的事。通过有效的管理，对教育资源进行合理的规划和利用，就能达到事半功倍的效果。

第四，为了服务于教育。教育管理不单单是为了领导教育，更重要的是为了服务于教育。就像有些研究者所指出的那样，“学校行政不是为存在而存在，它不过是一种手段，而不是目的。因此，学校行政只是为学生而存在，它的功效必须通过它对教学作出多少贡献来衡量；它永远必须是教学的仆人”。“教育行政是服务于教与学的，是支援教与学的，是导引教与学的。没有教师的教与学生的学，教育行政就没有存在的必要。”所以，教育管理者既是教育的领导者，又是教育的服务者。

除以上一些意义外，教育管理在教育决策、教育行政监督、教育评价、促进教育改革等方面也都起到重要的作用。

（二）教育管理活动与其他管理活动的比较

人们在教育领域所从事的管理活动，构成了教育管理活动。教育管理活动与其他管理活动相比，既有相同的地方，也有相异的地方。其相同的地方是，像其他管理活动一样，教育管理活动要受到社会历史条件的制约；教育管理的对象同样包括人、财、物、事、时间、空间等成分；教育管理也表现为一个过程，并有其专门的管理职能；其管理方式也随时代的变化而变化；等等。正因为有这些相同的地方，管理的一般理论对教育管理同样具有重要的指导意义。

此外，教育事业毕竟不同于其他事业，有其自身的特点和规律，这些特点和规律必然会在教育管理工作中反映出来。

二、教育管理学的产生和发展

自从有了人类社会，就有了人类的教育现象，与此同时，也就有了人类的教育管理活动。原始社会的教育管理活动虽然比现在简单，但也有其特有的管理目标、组织机构、管理程序和管理方法。然而，有教育管理活动不等于有教育管理学这门学科。与人类漫长的教育管理活动历史相比，教育管理学的历史要短得多。教育管理学的出现，是在把教育管理当作一种专门的研究领域之后才开始的。它的产生，有自身的实践和理论基础。从实践基础来讲，近代大工业的兴起和生产力的发展促使对教育的极大需求，而对教育的需求又促使公共教育制度的建立。随着公共教育制度的建立，学校规模扩大了，学生入学人数大大增加，教育的投入也相应增加，影响教育的各种因素也随之增加，这样就使得教育管理工作变得复杂起来，加上政府对教育事务及其管理日趋重视，因此客观上产生了对教育管理进行专门研究的需要。教育管理学的理论基础，是指20世纪兴起的工业管理理论，这些理论为教育管理工作超越原来的经验式管理提供了可能，教育管理者可以借鉴这些理论分析教育管理问题，并逐步形成自身的理论框架。可以说，一方面是学校组织本身的发展，另一方面是工业管理理论的兴起及影响，教育管理学由此而诞生。

教育管理学具体产生于何时？目前，国内教育管理学界主要有以下三种观点。

第一种是借用日本学者久下荣志郎的观点。在其《现代教育行政学》一书中，久下荣志郎提出：德国的施泰因是这门学科的创始人。他在19世纪后半期写有行政学方面的著作，阐述了国家权力干预教育的原理以及国家通过什么途径来影响教育。由此推论，教育管理学的产生年代及地点应是19世纪后半期的德国。不过迄今为止，这一起源说缺少其他佐证材料，因此尚待进一步证实。

第二种观点认为，教育管理学产生于20世纪初的美国，其标志是美国两位教育管理专家达顿(S.T.Dutton)和斯奈登(D.Snedden)于1908年发表的《美国公共教育行政》(*The Administration of Public Education in the United States*)一书。有人认为，这是世界上第一本教育管理学著作。不管这是否是第一本教育管理学著作，一个不可否认的事实是，从20世纪初起，在美国和日本等国，确实出现了专门以学校教育管理活动为研究对象的专著，而且为数不少。由此我们可以推断，教育管理学产生于20世纪初，尽管在当时还很不成熟。

第三种观点认为，这门学科建立于20世纪50年代。海外有部分研究者持这一观点，如有研究者指出："对教育管理的正规研究，始于20世纪初。但是，这一领域的'职业化'却是在第二次世界大战后才开始的。基于某些类似的权威知识、研究方向和调查方法，这一领域中学术研究的出现，只是近 30 年来的事。”“教育行政学是一门新兴学科，它被视为一门学科而进行有系统的研究为时不长，严格说起来，它是20世纪的产物，若以科学的角度而言，它的历史更短。教育行政的科学研究可以说是近 50 年来的事。”我国一学者在引用国外资料时也指出：“直到1951年，教育管理学才被公认为一门独立学科。”将教育管理学的产生年代推迟到20世纪50年代初左右，也有一定道理。20世纪50年代以前，教育管理学的研究还只是停留在规范研究的阶段，尚谈不上科学研究。50年代后因受行为科学的影响，实证研究方法被广泛运用于教育管理研究领域，促使教育管理研究走上了科学的道路。正是在这个意义上，一些人才认为，教育管理学到20世纪50年代才真正具有独立学科的地位。

综上所述，我们大致可以这样认定：作为一门学科，教育管理学产生于 20 世纪初，它很有可能在一些已经建立起公共教育制度的国家中同时产生，其标志是这些国家在这一时期出版了一批教育管理著作。而自20世纪50年代以后，在科学方法的引入下，这门学科逐渐趋向成熟，具备了独立学科的地位。

欧美国家的教育管理学在发展过程中受一般管理理论的影响较大，其间大致经历了古典管理理论影响、人际关系理论影响、科层制组织理论影响、行为科学影响、后现代思潮影响等几个阶段。有关这一部分内容，将在第二章详细阐述。

同其他国家一样，我国自古就有教育管理现象，也不乏教育管理思想。但是，真正作为一门独立学科进行研究，历史却非常短。整个发展过程可以分成引进、初创、停滞、发展四个阶段。

从20世纪初起，作为整个“新学”体系的一部分，我国开始陆续引进国外教育管理方面的学术著作。早先引进的著作，大多来自日本，这可能和当时我国在日本留学读书的人较多有关。他们回国后，热衷于向国民介绍日本的教育管理制度。较早翻译的教育管理著作有田中敬一编的《学校管理法》(1901)、木村贞长著的《教育行政》(1902)、寺田永吉著的《各国学校制度》(1901)、吉林寅太郎纂译的《视学纲要》(1903)、清水直义著的《简明国民教育法》(1903)等。除这些翻译著作外，当时我国创办的少数师范学堂，也聘请了一些外国教员教授这门课程。

大约从20世纪二三十年代起，我国的教育管理学开始进入初创期。这一时期的特征：一是继续翻译、介绍国外的教育管理理论，不过已不仅仅限于介绍日本的，开始介绍西方尤其是美国的教育管理思想和制度；二是一些学者开始尝试编著符合我国教育管理自身特点的著作。这当中，尤以张季信编著、蔡元培作序的《中国教育行政大纲》(1931)、杜佐周的《教育与学校行政原理》(1931)、夏承枫的《现代教育行政》(1932)、罗廷光的《教育行政》(1942)等具代表性。据统计，从1919年起到新中国成立前，我国出版的各类教育管理著作有200多种，发表在报刊上的有关论文(抗战前统计)有近2 000篇。教育管理类的课程也在各级各类师范院校普遍开设。因此，这一时期称为我国教育管理学的初创期，该不会有多大疑问。

新中国成立后的近30年间，我国对有关教育管理理论研究没有引起足够的重视，各师范院校也基本不开教育管理类课程。

从20世纪70年代末80年代初起，随着改革开放国策的确立，我国的教育管理学研究也进入新的发展期。先是作为一门独立学科在有关师范院校讲授，到80年代中后期出版了相关的著作，这一领域的各类研究著作至今已有很多。教育管理类的杂志也很多，每年更有数以千计的研究论文和报告发表。全国范围内，一支专门的研究队伍也已经形成。虽然就总体研究水平而言，与国际水平相比尚有不小距离，但不可否认，这几十年来，我们在这一领域取得了很大的进步，教育管理学在众多教育学科研究中的地位已较为稳固，这门学科的研究对我国教育实践的影响在一天天加大。

三、教育管理学与相关学科领域

现代学科发展的特点之一是各门学科互相影响、互相渗透，教育管理学也不例外。很多学科都与教育管理学有种种联系。这些学科所探讨的问题，有的为教育管理学的发展提供了理论依据，有的丰富了教育管理学研究的内容，有的则本身也是教育管理学所探讨的问题。

（一）政治学

政治学探讨国家或社会的政治制度、权力分配、决策过程、各种利益集团之间的关系等问题，这些研究对于教育管理学有着重要的影响，教育管理学中的体制改革问题、教育管理权限的分配、教育政策的制定和实施、教育组织和社会其他利益集团的关系处理等，都与此有关。

（二）社会学

社会学的研究对教育管理学的贡献主要体现在组织理论方面。继德国社会学家韦伯(Max Weber)20 世纪上半叶提出科层制(Bureaucracy，又称官僚制)组织理论之后，教育管理研究人员开始探讨教育机构的特性问题，可以说韦伯的理论为认识教育机构的特性提供了一把钥匙，也为教育组织机构的合理设计提供了依据。此外，社会学中的角色理论、社会文化理论等，也被应用来描述教育管理者和被管理者的角色、校园文化等问题。

（三）哲学

哲学研究涉及的本体论、价值论等问题，对于教育管理研究的方法论有着直接的指导价值。行为科学产生以后，围绕着教育管理研究是基于“实际是什么”还是基于“应该是什么”的纷争，表面反映教育管理在研究事实和价值的方法论规范上出现了科学规范与人文规范的对立，但其背后，却衬托出旨在探究世界本原的传统的哲学本体论和旨在探究真、善、美等范畴的哲学伦理学的区别。教育管理研究能否达到事实与价值的统一，这一问题直到今天还在困扰着众多的教育管理学研究者。

（四）行为科学

行为科学对教育管理学的影响是巨大的，它将自然科学的方法引入教育管理研究之中，从而极大地开拓了研究者的视野，丰富了教育管理学的内容，并使教育管理的研究走上科学的道路。

（五）心理学

对教育管理学产生直接影响的是心理学中的社会心理学和组织心理学的内容。研究教育管理过程中的人的动机、士气、需要、社会行为倾向等问题，有助于我们加深对教育管理的特性的了解，并为提高教育管理的效率创造条件。

（六）行政管理学

行政管理学的很多理论都被直接应用于教育管理学之中，如行政管理原理、行政组织理论、行政领导、人事管理、管理决策、管理方法等。

（七）法学

现代教育管理崇尚法治化管理，因此教育管理学要研究教育法律的制定、实施以及违反教育法律所要承担的法律责任，而这些研究都离不开对法学基本理论的探讨，尤其是对行政法学的探讨。

（八）教育学

有人认为，教育管理学是教育学和管理学的结合，这在某种程度上反映了这两门学科之间的密切关系。教育管理要能体现教育的规律。违反教育规律去实施管理行为是注定要失败的。那么什么是教育规律？教育学的研究或许能为此提供答案。

（九）经济学

教育是一项需要大投入的事业，教育财政历来是教育管理学中的一个重要研究内容。有关教育的成本以及教育经费的来源、分配和有效利用等问题，必须借助于经济学方面的知识来进行研究。

上述这些学科从不同方面影响着教育管理学的研究，并与教育管理学产生种种交叉关系，为这门学科的发展和完善作出了贡献。

四、教育管理学的学科使命

教育管理学的学科使命是指教育管理研究者就本学科的研究而言所应承担的

社会和历史责任。具体地，从教育管理学的学科定位出发，教育管理学科的最终使命应是谋求教育管理改进之道。不过，相比于教育管理实践者，教育管理研究者谋求教育管理改进的路径又有所不同。教育管理研究者虽也应以直接参与的方式推动教育管理实践的改进，但他们主要是通过学术研究与知识生产促进教育管理实践的变革和发展。因此，“谋求教育管理改进之道”的学科使命，展开来说，体现为以下两个大的方面。

（一）提升教育管理学的理论水平

教育管理学的理论水平，是其实现最终学科使命的基石。离开高质量的研究和较高的理论水平，教育管理学便难以完成充分认识、深入理解、理性反思与合理促进教育管理实践的使命。

一直以来，我国教育管理学的理论研究普遍存在着两种“借鉴”：一是借鉴企业管理理论。这首先表现为，教育管理学大量借用企业管理学的知识体系与概念框架，如众多教育管理学论著和教材中存在着管理理论流派、管理职能、管理过程、管理原则、组织结构、组织决策、人力资源管理等具有企业管理学特征的内容。其次表现为，教育管理学有意无意地接受了企业管理学的学术旨趣与理论取向，如一些教育管理学研究成果都将教育管理的目的定位在提高办学与管理的效率、效益上。二是借鉴其他国家的理论。我国现代意义上的教育管理学，正是 1901 年起翻译日本学校管理方面的著作才开始出现的。直到 1909 年之后，才逐渐出现中国学者自行编写的教育管理学著作。尽管如此，民国时期教育管理学的理论发展，仍以学习其他国家为主；1976 年之后是学科恢复初期，理论构建仍是以经验总结和借鉴民国时期的理论体系为主，此时的研究在理论上也是薄弱的，而这一状况的改变，正得益于研究者在 20 世纪 80 年代中期对于国外理论的研究和吸收。理论外借使得我国教育管理学自身的理论基础非常薄弱，既缺乏相对的学科独立性，也难以对教育管理现实作出合理的解释与针对性的指导。而造成这一状况的原因则是多方面的，涉及学科建制、学会组织、研究队伍、人才培养、研究方法等问题。

从强化教育管理学研究质量，提升教育管理学理论水平的角度看，当前我国的教育管理学者需要重点考虑这样几个问题：

(1) 完善学科建制。目前教育管理学科作为二级学科，归属在公共管理学科之下，这种学科设置非但没有促进教育管理学科的发展，还造成了一些负面影响。

(2) 加强学会组织建设。一方面要健全学会组织结构和相关制度，另一方面要提高学会在凝聚力量、引导研究、促进合作等方面的实效性。

(3) 加强研究队伍建设。完善教育管理学科人才培养的机制，提高人才培养的质量与教育管理研究者的素质。

(4) 改进研究方法。总体上看，我国当前的教育管理学研究呈现出“四不像”的特征，既缺少深刻的思辨研究与扎实的历史研究，也少有严谨的实证研究，更难得有真正的实地研究。研究方法运用的单调与随意，是理论成果质量不高的一个很重要的原因。

(5) 加强专业刊物建设。当前，教育管理方面的专业刊物较为缺乏，这很大程度上既影响了研究议题的集中讨论与有效传播，也影响了研究队伍的凝聚与交流。

(二) 推动教育管理的变革和发展

教育管理学对于推动教育管理变革和发展，需着重关注下述三方面。

1. 教育管理学要发挥教育管理价值引领作用

价值问题是教育管理的核心问题，也是教育管理实践中最有争议、最容易被遮蔽或产生迷失的问题。教育管理研究者要关注教育管理中的正义、道义、平等等问题，要通过细致的研究将各种教育管理现象背后的价值问题揭示出来。同时，教育管理研究者不仅要揭示价值问题，更要努力将教育管理的价值主张转化为切实的行动力量，要为不同性别、民族、阶层、层次的人平等广泛地参与教育管理，为教育事业的各利益相关者积极承担起教育发展的相应责任，为各级各类教育的公平、均衡、健康、持续发展等献计献策。

2. 教育管理学要为制度的改革提供智力支持

教育的发展与创新，关键是要通过深化改革，建立、健全与教育现代化建设要求相适应的教育制度。教育管理学则要为教育制度改革提供充足的智力支持。

(1) 要深入研究教育管理体制，探究增强教育事业发展活动，在教育管理科学化、民主化及均权化的过程中实现体制创新的思路与途径。

(2) 要深入研究人才培养体制和考试招生制度，思考在以人为本、全面发展、追求创新的新形势下，人才的评价标准、培养方式、选拔形式等问题。

(3) 要深入研究教育公共财政制度，探索切实落实教育事业优先发展战略，保障教育经费及时、公平、充足投入以及教育经费有序管理和有效利用的原则、机制与方法。

3．教育管理学要为教育组织变革提供学理依据

教育组织变革是改变甚至挽救充满变化、困境和挑战的教育世界的重要出路。就当前教育管理的现实而言，教育组织变革的突出任务有两个：一是要加强学校组织的文化伦理建设，提高领导和管理学校教育工作的能力和水平。学校组织文化是一种包括知识、信仰、道德、法律及作为学校组织成员所习得的其他一切能力和习惯的复合体。它是学校实现良性发展的重要载体，也是教育管理得到有效认同的深层的意识形态。二是要加强现代学校制度建设，提升教育管理的科学化和民主化程度。现代学校制度是一种建立在新型政校关系及教育发展与人的身心和谐发展的基础上，关注政府与学校、学校与家庭和社区的有机统一，渗透着教育质量与效率、公平与民主的和谐发展并具有伦理价值取向的一套制度规则体系。建立现代学校制度是我国教育管理组织变革的重要内容，对切实推进新课程改革，提升教育教学质量，提高国民素质具有重要的意义。面对上述两大任务，教育管理学也应加强教育组织变革的理论和实践研究，以便从学理上深化认识、指导行动。

第二节　教育管理的内容

教育管理内容即所要管理的事务和事项主要包括课程与教学管理、学生管理、教育人员管理和教育财物管理等四个层次。

一、课程与教学管理

课程与教学是教育管理的核心事务，其他各种事务很大程度上都是为课程与教学服务的。课程与教学管理的主要内容包括以下几项。

(1) 教育方针确定。教育方针是人才培养的总目标，是课程设计、教材编制与教学活动开展的根本依据。

(2) 课程设计。课程设计包括课程目标设定、课程标准研制与教材编制等工作。

(3) 教学时间安排。教学时间的安排从宏观层面说，包括学年、学期、假期等内容的确定；从微观层面说，主要指学校课程表的编排，其涉及学校教学总时间的规定、各年级各学科教学时间的分配、各学科具体教学时间点的设置等。

(4) 班级编制。班级编制首先涉及教学组织形式的选择，如采用班级授课制，还是分组教学，抑或复式教学。其次涉及具体教学组织形式之下，采用何种标准进一步编排学生。例如，是设大班(组)，还是设小班(组)？是随机分班(组)，还是依能力分班(组)？等等。

(5) 学籍编订。学籍既是动态记载学生在校状况的工具，也是学生毕业、升学、转学、休学、借读的依据。

(6) 备课与教学工作管理。这主要是对教师备课工作进行布置、组织与指导，对教学进度和教学方法进行设计、检查与指导等，是对教学过程的管理。

(7) 考试与成绩管理。这主要是为了了解并记载教师的教学效果和学生的学习状况，以此发现教学、课程及相关工作有待改进之处，或决定学生是否能够升级、毕业或升学。

(8) 教育教学研究管理。这主要涉及教育教学研究的内容、方式、组织等问题，其目的是提高教师对于一般教育问题和具体学科教学问题的认识与能力。

二、学生管理

学生管理是学校管理的一个重要组成部分，也是学校人才培养工作的一个重要环节。作为学校学生管理，既具有管理的一般本质，又有其自身的特殊本质，具体来说主要表现在以下几点。

任何管理活动总是在一定的社会组织中进行的。实际上，管理活动就根源于社会组织中协调组织成员的相互关系和个人活动的必要性。正如马克思所说：“凡是有许多个人进行协作的劳动，过程的联系和统一都必然要表现在一个指挥的意志上，表现在各种与局部劳动无关而与工场全部活动有关的职能上，就像一个乐队要有一个指挥一样。”[①]以高校学生管理为例。高等学校是系统培养专门人才的社会组织，大学生的教育和培养是其首要的和基本的任务。高校学生管理也就是高等学校为实现这一任务而进行的特殊的管理活动。

管理总是有一定目的的，管理的目的就是要实现一定社会组织的某种预定目标。世界上既不存在无目标的管理，也不可能实现无管理的目标。高校学生管理作为高等学校人才培养工作的一个重要环节，其目的就是要实现高等学校在人才培养方面的预定目标，促进大学生的全面发展，使之成为德、智、体全面发展，富有创新精神和实践能力的中国特色社会主义事业的建设者和接班人。

高校学生管理的任务是要为大学生顺利完成学业、健康成长成才提供各个方面的指导和服务，包括对大学生行为和大学生群体的引导、为家庭经济困难学生提供的资助服务、为毕业生提供的就业服务等等。为此，就需要通过科学的决策、计划、组织和控制，有效地利用学校的各种资源，包括人力、物力、财力、时间和信息等等。

学生管理是为学生的成长与发展服务的，同时，学生的管理也是教育管理的重要内容。学生管理主要包括以下几项内容。

(1) 入学管理。入学管理包括学生年龄、成绩、所在地等入学条件的规定，学区划定与招生学校的公布，招生政策的宣传，报名、考试和录取工作的安排，以及转学生、借读生的接收等。

(2) 学习管理。学习管理包括考勤工作(检查、登记、统计学生的出勤、迟到、早退、缺课、旷课等情况及办理请假事宜)、课堂管理(确定课堂学习方法、维持

---

① 马克思恩格斯选集：第2卷．北京：人民出版社，1995：510．

课堂学习纪律)、课外辅导(以个别、小组或集体的方式，对学生进行针对性的辅导)和学习成绩考查等。

(3) 课外活动管理。课外活动管理包括课外学习活动(组织读书会、诗歌朗诵会、书法比赛、参观、展览等)、课外娱乐活动(组织话剧社、摄影社、音乐会、春游和秋游等)、课外体育活动、课外志愿服务活动等内容的管理。

(4) 生活管理。生活管理主要包括住校生食宿的管理、走读生在校饮食的管理以及对学生课外生活的指导等。

(5) 卫生与安全管理。卫生与安全管理包括健康教育与安全教育的组织实施、学生卫生环境的维护与卫生常规的引导、学校安全问题的防范，以及学校卫生与安全事故的处理等。

(6) 学生自我管理。学生自我管理主要包括两个方面：一是学生自己能够做的事情，通过建立健全团、队、学生会、班委会等组织，支持与指导学生自己进行管理；二是学生自己不能够独立做的事情，要通过相应方式听取学生的意见，让学生参与到学校管理中来。

三、教育人员管理

教育人员主要包括三类：一是教育行政人员；二是学校管理者；三是教师。作为教育教学与教育管理活动的主体，教育人员管理的状况，直接决定着教育管理与教育教学活动的效果。教育人员管理的主要工作有以下几项。

(1) 教育人员职业标准的制定。这包括教育局领导、学校领导、教师等人员入职资格、基本素质、能力要求、工作职责、职业使命等内容的拟订与颁布。

(2) 教育人员的培养。这主要指相关教育人员职前教育工作的管理，其涉及教师教育的规划与组织实施、教育干部培养机构的设置与管理等。我国目前教育人员的培养主要集中在教师方面，还没有建立针对性强、与教育人员任用机制紧密关联的教育行政人员和学校管理者的培养制度。

(3) 教育人员的任用。教育人员任用的前提工作是确定岗位与人员编制，然后是任用方式的选择与任用程序的规定。其中，任用方式主要有派任制和聘任制两种，前者是政府委任的行政方式，后者是签订契约的法律方式；任用程序主要包括用人需求公告、报名与资格审查、考试(笔试、口试、操作考查)、确定符合条件人员、试用、确定正式录用人员并明确其具体工作等。

(4) 教育人员的考核。这主要包括四项内容：一是制定不同教育人员的考核标准；二是明确考核标准制定及具体考核工作的程序；三是选择不同教育人员考核的方式方法；四是确定考核之后的奖惩及人员辅导与问题改进措施。

(5) 教育人员的评薪评职。这项工作一是要明确各教育人员的工资及相关福利待遇；二是要结合业务能力与工作表现，做好教育人员的技术职务评聘与行政职务晋升工作。

(6) 教育人员的继续教育管理。这主要包括继续教育管理机构与实施机构的确定，继续教育参与人员、期限、内容、类型和方式的规定，以及继续教育成效的考查与评估等工作。

一所学校，教师既是教育者，又是管理者；教师既是学校管理的对象，又是学校管理的主体。教师不是被动地、盲目地、简单地接受，而是积极主动地选择执行和接受学校管理者的指令，同时又积极作用和影响学校管理者。在班级管理中，相对于学生而言，教师又是管理者。教育教学在学校各项工作中处于中心地位，教师是完成教育教学任务的主要劳动者，也是教育教学过程的实际管理者、操作者。学校管理者对学校进行管理，应当树立依靠教师办学、依靠教师管理的思想，合理安排使用教师，有效执行教师管理职能，建设专业配套、协调配合、结构合理、数量适度、具有较高素质和较强科研能力的教师队伍，这是学校教育良好发展的必由之路。

四、教育财物管理

(一) 教育财务管理的内容

教育财务是教育教学及其管理活动开展的物质基础，缺少了财物保障，一切教育教学与管理活动都将成为无源之水、无本之木。教育财物管理的内容主要包括以下几项。

(1) 教育事业所需经费总量的确定。这主要是在综合教育发展需要、社会经济条件、国外教育投入情况等因素的基础上，明确特定阶段或年度各级各类教育及具体学校的教育经费总量。

(2) 教育经费的筹措。教育经费筹措工作包括教育经费筹措渠道、筹措方式，以及与此相应的各级政府和各社会主体教育经费责任承担的规定。

(3) 教育经费的分配。教育经费分配主要指总的教育经费在不同地区、各级各类教育以及不同学校之间的分配。它涉及分配的量、分配原则、拨款方式、拨付程序等问题。

(4) 教育经费的使用。教育经费的使用包括教育经费支出项目的分类，经费使用方式、程序与纪律的规定，以及教育经费使用情况的审计与使用效果的评估等问题。

(5) 教育设施的管理。教育设施包括教育行政设施、学校教育设施和社会教育设施三个方面。对于它的管理涉及校舍、活动场地、绿化用地、宿舍、食堂、办公场所等建筑和环境的规划、招标、建设、使用、保养、修缮等工作。

(6) 教育设备的管理。教育设备管理主要包括教学设备、实验室设备、图书阅览设备、体育运动设备、办公室设备、卫生保健设备、后勤服务设备的采购、使用、保管、维护、报废等工作。

(7) 教育物品的管理。教育物品管理主要包括粉笔、纸笔、实验材料、清洁用品等教学和办公消耗物品的购置、保管、领用等工作。

(二) 教育财务管理的措施

1. 建设一支尽心尽责的财务人员队伍

各教育单位要切实按照会计法的规定，高度重视本单位财务人员队伍建设，培养和选派懂财务会计知识、熟悉财经法规和财政财务政策、持有会计从业人员资格证书、工作认真负责和坚持操守为重的在编人员担任财务工作者。要确保财务人员队伍的稳定和工作积极性，充分发挥绩效工资中奖励性绩效和校长基金的导向作用，主要财务岗位人员工作量应为本单位平均工作量。对积极履行工作职责，成绩显著，并持有会计从业人员资格证书的报账员和镇街道核算中心教育财务人员，享受相当于所在单位中层副职绩效奖金待遇。同时要明确财务人员的职责权限、工作程序和纪律要求，保证单位财务会计工作规范有序进行，保证会计机构、财务人员依法履行职责，不得授意、指使、强令会计机构、财务人员违规办理会计事项。

2．完善财务管理体制

在教育局局党委统一领导下，教育局计财科对全区教育单位财务管理工作全面负责，牵头编制好全区教育经费预决算，管理全区各级各类学校教育经费，指导并监督学校财务和资产管理工作；教育局财务核算中心负责直属学校(幼儿园)、直属单位的预决算审核汇总、财务核算和监管工作，指导各镇(街道)学校(幼儿园)财务核算和管理；各镇(街道)核算中心负责本镇(街道)各校(园)的财务核算和监管工作，每月向局核算中心报送镇(街道)学校(幼儿园)财务报告；教育单位报账员负责本单位预决算编制和日常结报工作，稳步实施月度用款计划申报和记账分录处理工作；单位负责人是单位财务管理工作的第一责任人，对本单位财务行为的真实性、合规性、合法性负全部责任；局业务科室、教育投资管理公司负责制定履职所涉及的项目资金使用分配管理办法，并实施绩效评价；局办公室负责局本级经费预决算编制和财务核算管理；局监察室牵头负责全区各学校(幼儿园)财务内审工作，对违反财经纪律事项进行查处。

3．建立健全有效的财务管理制度

根据财政财务管理要求，进一步完善各项财务制度和资金管理办法，各教育单位要重点建立完善财务收支审批制度、内部控制制度、财务公开及民主理财制度、财会人员岗位责任制度和资产管理制度等制度，局层面制定出台公用经费拨款和管理办法、教育装备经费使用管理办法、基建维修资金管理使用办法和一系列专项资金使用管理办法，以有效的制度机制来规范财务管理，防范财务风险。

第三节　教育管理的内在追求与外部环境

一、教育管理的内在追求

教育管理的目的即教育管理的追求、指向或使命。它是教育管理的灵魂。无论是教育管理主体职能的规定、教育管理事务的产生，还是教育管理过程及其任务的安排与实施，都是围绕教育管理的目的而展开的。从常规看，教育管理的目的有两个：一是为了达成教育目的，促进学生的成长与发展；二是为了增进工作效率，提高教育活动的合理性与经济性。

（一）教育管理是为了促进学生发展

我国早期著名的教育管理学者郭秉文在其著作《学校管理法》中提到，学校管理法的确定需要依据三个标准：一是“以学校之治安能否维持与校务之进行能否辅助为标准”；二是“以儿童天赋性质之能否修养为标准”；三是“以社会需用之人物能否培养为标准”。且在这三个标准中，学校治安的维持与校务进行的辅助，虽然是管理者的天职，却不是其“本体”任务。管理者的本体任务是运用学校机关，修养儿童天赋之性质与培养社会需要之人物。那种只求学校之治安与校务之进行，而妨碍儿童身心之发育，造就社会之游民废物的态度是不可取的。郭秉文的观点清晰地说明，教育管理是为教育目的服务的，是为了促进人的成长与发展。

具体地，教育管理对于学生发展的促进包含以下四方面。

(1) 教育管理要促进学生的全面发展。教育的目的在使学生的身心健康、道德品质、智力水平、知识技能以及生活理解与适应能力等诸方面得到充分发展。相应地，教育管理工作也要从课程设置、教育教学活动安排、财物资源配置、教育人员配备与考核、考试内容和形式、升学条件与方式等方面人手，思考如何为学生的全面发展提供引导和支持。

(2) 教育管理要促进学生的个性发展。不同个体以及同一个体内部各方面的素质是存在差异的，不可强求统一。所以，教育管理要在全面发展的基础上，促进学生个性的形成。这意味着教育管理：一要有弹性，能够因地、因时、因校、因人制宜，不可简单地要求统一；二要有自由度，授予地方和学校在一定范围内实施自主管理的权力；三要建立多元化的人才评价制度，并提供多样化的教育选择。

(3) 教育管理要促进学生的持续发展。教育所要实现的是学生的持续发展而非一时发展。首先，这要求教育管理者要有“远见”，即教育管理要避免短视急治，要有预见力、耐心与宽容心，要有长远的规划，要能够识别与挖掘学生的潜力。其次，教育管理也要有“广度”。一方面，教育管理要处理好学校之间以及学生之间的关系，避免恶性竞争减弱学生的可持续发展能力；另一方面，教育管理要为学生打下扎实的基础，只有在扎实的基础之上，学生才有可能实现持续发展。最后，教育管理还要有“深度”。这是说教育管理应避免学生学习浮于外表的现象，要通过各种办法培养学生内在的学习热情与探究兴趣。

(4) 教育管理要促进学生的公平发展。教育管理所要促进的也是每一个学生的发展。一方面，它要确保每一个学生的入学机会，使每一个学生都有学可上；另一方面，它还要努力使每一个学生接受适合自己且水平大致相当的教育，促进教育质量的公平。

(二) 教育管理是为了提升工作效率

“在管理与组织生活里，高于一切的元价值是效率和效用，迄今为止，大概没有人主张组织运转应当缺乏效率与效用”。事实上，没有对效率的追求，管理就没有存在的必要。因为，没有管理，大多数活动与工作也可以开展，只是这样的活动和工作会变得无序、动荡与盲目。管理的产生与发展，正是为了避免这种无序、动荡与盲目，实现活动与工作的有序、稳定与理性，从而促进活动与工作的有效性。

效率尽管不是教育管理中高于一切的价值，却无疑是非常重要的价值追求。

教育管理不仅使大规模的现代教育成为可能，为教育活动提供了相对稳定的秩序，而且在很大程度上可以实现资源的有效利用。教育活动的开展离不开各种资源的支持，而各种教育资源无论从绝对意义上还是相对意义上看都是有限的，不能毫无限制地被使用或浪费。如果不对资源进行合理利用，则可能教育资源已被耗尽，而教育目标却未能实现，或者教育目标所实现的程度极其有限。所以，要想以有限的资源最大程度地实现教育目标，或以最少的资源实现既定的教育目标，就需要合理利用资源。而资源的合理利用则有赖于管理。

教育管理之所以能够实现资源的合理利用，提高教育工作的效率，有着两个相互关联的基本原因。第一，教育管理实现了各项教育工作在整体层面的自觉性、意识性。在没有管理的情况下，诚然每一个教育活动的参与者都是有意识、有目的地从事工作的，但在教育事业整体层面却是无意识、无目的的，以致出现重复、冲突、无用的工作。管理则通过规划、设计、组织等工作，使教育事业整体工作成为有意识、有目的的活动。第二，教育管理实现了教育工作的分工与协作。分工与协作是管理活动的基本原理与主要特征。分工既促进了相关工作的专门化与专业化，明确了教育活动参与者的责权利，提高了他们的工作能力；也减少了工作的重复性，降低了资源的浪费。协作则将相对独立的分散工作联合为一个整体，产生超过各部分工作之和的合力效果，从而发挥有限资源的最大效用。

值得注意的是，当教育管理工作普遍化并成为一个自主领域后，教育管理本身的效率又成了一个问题。例如，教育规模控制不合理引致的规模不经济问题，教育结构失衡带来的教育投入效益不高问题，应试制度下的留级、复读引起的重复投入问题，学校、专业或学科重复建设导致的资源浪费问题，教育人员超编产生的教育成本增加问题，体制僵化、人浮于事、繁文缛节、形式主义造成的办事效率低下问题，以及一些教育管理者的决策失误、铺张浪费、贪污腐败造成的资产损失问题等。

二、教育管理的外部环境

教育管理的外部环境是指处于各种教育管理机构外部，且对教育管理机构产生各种直接或间接影响的因素。教育管理的环境是多种多样的，从一般层面看，它主要包括人口环境、经济环境、技术环境、制度环境和文化环境等。

（一）教育管理的人口环境

教育管理的人口环境是指教育管理所面临的人口的数量、分布、构成、年龄、性别及其发展趋势等方面的情况。

人口环境对于教育管理的影响是多方面的。

(1) 人口数量影响教育投入与教育管理的复杂程度。“穷国办大教育”是我国初期教育发展的基本特征。所谓“大教育”，即指我国教育人口总体规模巨大。正因人多，所需的教育投入便多，管理的难度也更高。

(2) 人口构成影响教育管理的任务及其工作重点的转变。我国是一个多民族国家，如何管理好民族教育事业便是一个非常重要的问题。而从人口年龄构成看，随着我国社会老龄化程度的加剧，老年教育势必成为教育管理需要关注的一个重要方面。

(3) 人口波动影响特定时期教育人口的规模。人口除了存在自然增减的规律外，还受社会生育偏好的影响(如千禧宝宝、奥运宝宝扎堆出生)，从而出现教育人口“峰谷交替”的情况，导致某一阶段教育资源紧张或者利用不足等问题。

(4) 人口流动影响特定地区教育人口的规模。当前引起广泛关注的流动儿童、留守儿童以及返乡儿童教育管理问题，便是农村人口流动性加剧造成的。

(5) 特定的人口政策也会对教育管理工作产生影响。如我国的计划生育政策便对教育管理工作产生了多方面影响。

（二）教育管理的经济环境

教育管理的经济环境是指教育事业发展与教育管理活动所处的经济背景，及其所具备的财物资源条件。

经济环境对于教育管理的影响主要体现在以下几方面。

(1) 一个国家和地区的经济发展与财政收入状况，很大程度上决定着教育投入水平。我国义务教育发展不均衡的现实，即与“地方负责”的教育投入体制下，各地经济发展与财政收入状况不平衡造成的教育投入差距密切相关。

(2) 一个国家和地区的经济发展方式，会影响教育发展方式的选择。中共中央 1992 年明确提出建立社会主义市场经济体制的改革目标后，我国的教育发展方式亦随之发生了重要变化，其显著标志即是民办学校与转制学校的大量涌现。

(3) 一个国家和地区特定阶段的利率、通货膨胀率等经济因素，也会对教育管理工作产生影响。20 世纪 90 年代初期，出现了不少收取教育储备金，然后再以息养校的民办学校。这种办学模式最初能够成功，主要得益于当时银行的存款利息较高。但随着 1994 年后国家数次调低银行存款利息，教育储备金模式便难以为继。最近几年，我们能够强烈地体会到，通货膨胀的持续增高对于教育事业的多方面影响。比如，增加教育基础设施建设及相关设备购置的成本；在生活成本提高而工资水平相对稳定的情况下，教师管理的难度加大。

(三) 教育管理的技术环境

教育管理的技术环境是指教育管理所处时代的技术进步以及技术运用状况。

技术已经渗透到当下教育管理活动的方方面面，其中尤以信息技术的影响最为深远。第一，信息技术改变了知识生产与知识获取的途径。这使教育管理者对于教学的意义、学生的地位、教师的角色等问题有了新的认识。第二，信息技术也改变了教育管理的工作方式。如今，诸如通知发布、报名考试、课程选择、工作评价、成绩管理、档案存储、对外宣传，以至工资发放等工作，都是基于信息技术开展的。第三，信息技术提高了教育管理工作的公开性、透明性与公正性。信息技术既为教育信息公开及相关工作的透明化运作提供了平台，可以使更多人更为方便地获得相关信息；也使公众观点有了公开表达的途径，且信息传播的速度快、范围广，从而“倒逼”教育管理者要更为透明、公正地工作。第四，信息技术也对教育管理工作提出了一系列新的挑战。首先是教育“数字鸿沟”的问题。各地区、各学校在信息化装备上存在着较大差距，这将进一步加剧教育发展失衡问题。其次是教育组织结构变革问题。网络条件下的信息传播更为直接、多样，它较大程度地消解了以信息传递为主要功能的传统层级结构的合理性，而要求建立权力分散与分享的组织结构。此外，信息技术还带来了科研成果剽窃、学生网络成瘾、高科技作弊等各种新的教育管理问题。

（四）教育管理的制度环境

教育管理的制度环境是指对教育管理产生影响的体制、法律、规章、规则等外部因素。

教育管理的制度环境大体可分为三个方面：一是政治制度。政治制度很多时候直接决定着一个国家或地区的教育性质与教育方针。我国规定，教育事业是社会主义性质的，必须为社会主义现代化建设服务，必须与生产劳动相结合，培养德、智、体等全面发展的社会主义事业的建设者和接班人。政治制度也会影响教育组织的结构与运行。我国教育组织都存在着党政两条各有分工又高度统一的管理体系，这是由我国的政治制度所决定的。二是教育领域之外的法律、法规。如我国的《中华人民共和国宪法》(以下简称《宪法》)、《中华人民共和国刑法》(以下简称《刑法》)、《中华人民共和国民法》(以下简称《民法》)、《中华人民共和国未成年人保护法》(以下简称《未成年人保护法》)等法律，以及经济制度、户籍制度、人事制度等方面的相关规章，对教育管理活动的开展有着广泛的影响。三是教育领域中的法律、法规。我国目前的教育法律法规体系分为这样几个层次：《宪法》中关于教育的条款、教育基本法律、教育单行法律、教育行政法规、地方性教育法规和教育规章。它们对于教育管理而言，可能是一种约束与限制，也可能是一种条件与资源，还可能是一种工作的依据与方法。

（五）教育管理的文化环境

教育管理的文化环境是指对教育管理产生影响的一定时期社会的风俗习惯、意识形态、价值规范等因素。

在提升教育管理效能方面，文化的适应性与更新能力，比组织重构、制度变革等更为重要。因为：第一，文化对于教育管理的影响是全方位的。它不仅影响教育管理机构的价值取向，也影响教育管理机构的组织结构与运行方式，还影响着教育人员的思想、认知与行为方式。第二，文化通常是以潜移默化的方式影响着教育管理。它是在不知不觉中形成的一些理所当然的认识，“是一双看不见的手在实际操纵着行为，告诉群体成员如何去知觉、思考以及感觉事情”。比如，开学需要举办开学典礼、升国旗仪式要放在周一、会议结束前要让与会的最高领导者讲话等。第三，前面两点意味着，文化对于教育管理的影响具有根本性与持久性。行为、制度都是表层的东西，只有抵达更深的文化层面，才会触及问题的本质，才是真正变革的开始。当然，由于文化具有持久性，所以，变革必将是一个相对长的过程。

第二章 教育管理理论源流

第一节 西方教育管理理论的演进

教育管理思想有着悠久的历史，从古希腊、古罗马的古代教育管理思想先驱者到近现代的教育管理思想学者，他们关于教育管理的许多见解和主张在教育管理思想史研究方面都具有重要的价值。

一、西方教育管理的前理论阶段

古希腊、罗马时期是欧洲古代教育理论发展最伟大的时期。

古希腊时期的柏拉图(Plato)(约公元前 427—前 347 年)、亚里士多德(Aristotle)(约公元前 384—前 322 年)都是著名的教育思想家。柏拉图有关教育管理的思想主要融合于其代表作《理想国》中。他认为教育应该由国家来办，国家制定教育方针和政策。为此他设计了一个完整的教育制度体系，使“教育制度化成为西方教育管理的一个逻辑起点”[①]。亚里士多德有关教育管理的思想主要见于其代表作《政治学》和《伦理学》中。他很重视国家对教育的管理，把教育置于国家管理的范畴。他还首次提出按年龄阶段划分教育的阶段，以及各年龄阶段教育的内容和组织管理要求，包括体、德、智、美和谐发展的教育内容和方法等具体管理措施。

昆体良(Quintilian)(约公元 35—95 年)是古罗马时期专门论述教育问题的著名教育家，写有著名的《雄辩术原理》。他在教学管理方面提出了许多有价值的思想，如最早提出了分班教学及管理的设想，认为各门学科的教学组织应交替安排，教

① 刘兆伟，王雷，马立武，等．中外教育管理史略．大连：辽宁师范大学出版社，1999：353．

学与休息应交替进行。在教育史上，他的教育管理思想被认为是西方文艺复兴时期教育管理思想发展的一个重要源头，产生了重要的历史影响。

欧洲文艺复兴时期是西方教育管理思想发展的转折时期，人文主义的世界观和人生观对教育管理思想产生了深远的影响，而人文主义教育理论使教育管理思想在理论与实践两方面发生了历史性转折，使教育管理思想有了新的哲学和科学依据，为欧洲教育管理思想的科学化奠定了基础。①

夸美纽斯(Comenius，Johann Amos)(1592—1670)是17世纪捷克著名的教育家。他的《大教学论》是西方近代最早系统论述教育问题的专著，其教育管理思想是他整个教育理论体系的一部分。他创立的教育理论体系使教育管理思想由无序走向有序、由专制走向自然。在国家管理教育方面，他主张建立全国统一的学校制度，认为政府具有管理国家教育的最高权力和不可推卸的责任。在学校管理方面，他提出了前后衔接的统一学校教育体系，加强了学校教育管理的计划性和组织性。他在总结前人实践经验的基础上系统论述了班级授课制度，实现了教学组织形式的革命性变革。在他的著作中，已经有了校长和副校长、主任等职衔。这种划分表明学校已经有了专职管理人员，也就产生了真正意义上的学校行政管理。

二、近代教育管理理论阶段

近代史上最早用行政学和法学理论研究教育管理问题的人是德国著名学者施泰因(Stein)(1815—1890)，他被称为现代教育行政学理论的创始人。

施泰因建立了具有指导意义的教育行政学理论体系，发表了《教育行政论》《职业教育论》《教育制度论》等研究成果，阐述了他的教育管理主张。他研究教育管理是从解决社会不平等现象出发的，并把解决社会不平等现象的希望寄托于政府的法律，寄托于国家教育。他主张国家应在教育领域建立公共教育制度，并明确提出国家应通过立法方式对作为公共事务的教育进行干预，以保障国民享有平等的教育权利。施泰因提出了现代教育行政学的基本结构，认为教育行政学是

① 刘兆伟，王雷，马立武，等．中外教育管理史略．大连：辽宁师范大学出版社，1999：362．

教育学与行政学的结合，教育行政学的任务是阐明国家干预国民教育的原理、内容、根据和界限等。他还提出，应通过教育公法规定公共教育制度的标尺以及教育活动的统一标准，为现代教育行政学和教育法学的开创作出了巨大的贡献，而教育管理的法治原则成为以后各国教育管理的基本理念。

杜威(Dewey)(1859—1952)是美国 20 世纪进步主义教育运动代表，著名的实用主义教育家。杜威的教育管理思想主要来自于他的教育管理实践，与他倡导的实用主义教育理论分不开。他非常重视对学校的管理，提出学校工作有三个主题：教材、方法和行政管理，这三者是三位一体的。在课程设置和管理方面，杜威强调教材的源泉应该是儿童自己的活动所形成的直接经验，在课程中占中心位置的应是各种形式的活动作业。杜威还批评传统的教学组织形式是一种教师主动、学生被动的旧式教学；要求现代教学组织形式应当是活动教学，课堂要为儿童准备能够充分活动的地方，让儿童在活动中学习。杜威对教育与民主的关系有深刻的论述，他是教育中民主管理的积极倡导者，民主在杜威那里不仅是一种制度，更是一种生活方式。杜威的教育管理思想中有不少合理的见解，他的许多主张都对美国学校管理形式和方法的改革起到了推动作用，对今天的教育管理改革仍有积极的借鉴价值。

三、现代教育管理理论阶段

现代教育管理理论流派大多数产生于西方国家，这与西方国家政治、经济、社会及文化的发展背景相关。20 世纪初，由于西方国家管理学、行政学、社会学等理论的发展，人们将这些理论引进教育管理思想领域，用于教育管理问题的研究，教育管理学才逐步形成自己的雏形。因此，在学习西方教育管理思想发展史内容时，会较多地介绍这些理论发展的影响及一些著名管理学者的思想和观点。

国内外学者对现代西方教育管理理论流派的划分有多种，这里在借鉴他们研究成果的基础上，将西方教育管理理论分为古典教育管理理论、人本主义教育管理理论、行为科学管理理论和后现代教育管理思潮四大学派。

(一) 古典教育管理理论

在18世纪欧洲启蒙运动的影响下，理性主义开始在西方国家兴起，科学、民主、自由、博爱、法治成为现代文明的标志。到20世纪初，西方古典组织管理理论在当时资本主义生产力迅速发展的背景下产生。由于现代工业企业规模不断扩大，传统的经验管理已不能适应现代生产管理的要求；资本主义制度的建立，需要以新的民主政治和法治管理替代传统的人治管理方式。在生产力的发展和民主政治进步的促进下，注重效率和组织体系科学化的教育管理开始建立，产生了以理性为基础的古典教育管理组织理论。

西方古典管理理论主要包括了泰罗(F.W.Taylor)的科学管理理论，法约尔(H.Fayol)、古利克(L.Gulick)等人的行政管理理论，韦伯(M.Weber)的科层组织理论。虽然各自研究管理的侧重点不同，但他们的思想倾向非常接近，因而都被归于古典管理流派。它可以被概括为一种理性-效率模式，包括“两种要素，三项内容”。两种要素是理性精神和效率目标，三项内容是理性的管理方法、理性的管理原则和理性的组织制度。[①]他们的基本主张是：①效率是管理工作的最高目标，原则是衡量任何组织的基础。②分工和专业化是管理活动的最基本手段。③组织应当是一个自上而下、明确的权力等级系统。④工作标准化和标准程序是展开工作的基础。⑤严密的规章制度是实现组织目标的根本保证。⑥经济奖惩制度是调动积极性的手段。

20世纪初，由于美国义务教育阶段学校的数量和规模不断扩大，政府和社会的教育投入也大大增加，促使政府和社会开始关注教育的质量和效益问题。他们要求学校管理切实担负起责任，把管理的重点放在提高效益上来。同时提出以办学效益作为评价学校和考核学校管理水平的主要指标。在压力之下，教育管理人员不得不放弃传统的教育管理观念和方式，“从自己职业生存的利益出发，开始诉诸于泰罗的方法”。学校管理开始转向接受工业企业的管理原则、价值标准和相应的管理方式。这一时期，在教育内部，杜威的进步主义教育运动的兴起，早期“教育科学运

① 萧崴．教育管理学．广州：广东高等教育出版社，2002：121．

动”代表人物心理学家桑代克(F.L.Thorndike)的心理测量和统计技术在教育测验中的应用，也为泰罗的科学管理在教育管理方面的运用创造了条件。

将科学管理思想引进学校管理，影响较大的学者是美国新泽西州牛顿市督学弗兰克·斯波尔丁(F.E.Spaulding)，他提出了教学成本这个概念，认为这是学校管理中需要控制的一个关键因素。学校组织的总效率是直接和教职员工的工作效率联系在一起的，每个教职工的工作效率又与他完成教学任务的数量多少有关。学生的入学率、合格率、留级生率都要摊入成本。学校管理人员在安排教师的工作任务时，也应把工作任务与经费分配、教学成本联系起来。斯波尔丁还主张根据每个学校的办学效益分配不同的教育经费，以鼓励办学效益高的学校。另一位是芝加哥大学的教育管理学讲师富兰克林·鲍比特(F.Bobbitt)，他宣称：“不管是哪一种组织，……其管理、智慧和监督的基本任务看来都是大致相同的。关键是学校管理者要确定一套用具体数字来表达的标准。”[①]这一时期，强调效率和成本分析成为判断美国学校管理进步的首要标准。20 世纪 30 年代后，科学管理理论因为非人性化而受到批评。在学校管理中，其地位逐渐被民主管理思想和人际关系学说所取代。但直至今天，它对美国学校管理思想的影响并没有消失，其主要思想和方法已经内化为学校管理的一种基本模式。

就在美国学者将泰罗的科学管理思想引入学校管理的同时，德国人韦伯提出了他的科层制理论，其重心是组织制度的科学化和体系化。他提出的科层体制又称官僚体制。在西方，官僚体制是与同僚体制相对应的一种体制，并非贬义，就是要在组织中排除人为因素的影响，运用制度来进行管理，建立层次分明、制度严格、责权明确的组织模式。韦伯认为，现代社会各种组织中，最理想、最有效率的组织是所谓科层制组织。这种组织具有以下特征：①实行分工和专业化；②组织运行坚持非个人取向，公事公办，不得滥用权力；③构建自上而下、下级服从上级的权力等级体系；④严格规章制度，规范组织运作；⑤以职业导向，即主要依据能力、成就、资历等来提拔、晋升员工，促使员工对组织保持忠诚。

① 中央教育科学研究所比较教育研究室. 简明国际教育百科全书：教育管理. 北京：教育科学出版社，1992：5.

韦伯的科层制理论引起了当时教育管理研究者们的极大兴趣。在 20 世纪 40 年代到 70 年代，各种教育管理教科书都开始专门讨论韦伯的思想及其在教育管理中的运用。讨论的内容集中于三个方面：一是学校作为一种组织，算不算韦伯所说的“科层制”，如果算，学校的“科层化”到了什么样的程度；二是教育官僚组织具有什么特征，是否能够检测；三是按照官僚制来组织教育管理机构会有什么效果。①

对这一问题的探讨，促使人们转向对学校组织基本性质的思索。有些人认为，学校组织毫无疑问是一种高度发展了的科层制组织。但另一些人认为，学校不属于典型的科层制，韦伯的理论应用于学校有其局限性。其中，最引人注目的是科恩(Cohen)、韦克(K. Weick)等人 20 世纪 70 年代初提出的“教育组织是松散结合系统”的理论②。这一理论认为，科层制理论解释教育组织并不合适，因为后者具有特殊性质，学校组织有科层化的一面，更有教学的专业化的一面，科层化与专业化之间通常会产生很多冲突。科恩等人在一定程度上揭示了学校组织的特殊性质，对指导学校管理工作有极大帮助，故学术界对此给予了很高的评价。

尽管韦伯的科层制理论在学校中的运用受到了许多质疑与批评，但它的组织体系模式迄今在学校中还是有效的。这是因为教育组织尽管有其特点，但它作为一种组织也同样要完成科学化和体系化这两项任务，同样需要建立系统的、科学的、理性的、制度化的组织系统，运用这一系统合理利用教育资源，促进教育的有效发展。所以，韦伯的官僚制是教育管理中的一种主要的组织制度模式——因为可以保证教育组织的“秩序、理性、可行和稳定”。

直到今天，人们认为古典管理理论的主要主张仍有其积极意义。古典管理学家所倡导的标准化管理方法和操作程序、系统的管理原则、系统的组织制度仍在广泛应用，并被人们看作是“管理实践的最好的思想基础”。古典管理理论的启示是：教育管理活动是可以控制的，通过设计一个合理的组织结构，编制一套完善的规章制度，遵循一系列科学的管理原则，再辅之以严格的奖惩手段，学校组织

---

① 萱崴．教育管理学．广州：广东高等教育出版社，2002：121．

② 中央教育科学研究所比较教育研究室．简明国际教育百科全书：教育管理．北京：教育科学出版社，1992：84．

也能像其他一切组织一样，在有限的条件下实现最佳的管理目标。[①]

当然，也有学者针对古典管理理论在学校中的应用和缺陷提出批评：第一，学校组织有其自身的特殊性，将古典管理理论不加选择地照搬到学校管理之中会有较多局限性，如抹杀了学校组织与工厂组织的区别，忽视了教师劳动的特点等。第二，古典管理理论所推崇的那些管理方法，在学校管理中并不能完全适用，如标准化管理问题，如果学校管理过于强调统一和标准化，就会忽视育人的特殊性，抹杀学生的个性发展。第三，古典管理理论过于依赖制度和经济手段的控制，忽视满足人的社会性需要，就难以有效调动教师的主观能动性。第四，古典管理理论过于强调行政权力的等级结构，是学校产生专业化和科层化冲突的原因。

（二）人本主义教育管理理论

20 世纪 30 年代以后，许多关注组织中的人以及组织中的社会关系的研究开始出现。管理理论发展到这一时期，科学管理理论最终被具有人本主义特色的人际关系学说所取代。人际关系学说的主要代表是梅奥(E.Mayo)、罗斯里斯伯格(R.J.Roethlisiberger)、勒温(K.Lewin)、莫雷诺(J.Moreno)等。人际关系学说主张把关心人的社会性需要放在首要位置，重视研究组织中的人及组织中的社会关系，从而开辟了管理理论研究的新方向。

20 世纪 30 年代起人际关系学说开始流行，主要代表人物梅奥、罗斯里斯伯格在他们长达 8 年的“霍桑实验”的基础上，提出了一套全新的管理理念。他们的研究发现，经济刺激并非唯一的刺激动因，实际上非经济的社会因素限制了经济动因的效力。他们认为，人是“社会人”，人不仅有物质方面的需求，还有社会、心理方面的需求，即追求人与人之间的友情、安全感、归属感和受人尊重。这一时期，还有几股强劲的思潮影响了人际关系运动。勒温的团体动力学研究认为，在民主的团体中，成员能积极地参与决策，在个人需要的满足和团体目标的达成上都比专制的团体好得多。莫雷诺也提出：人们与其周围的其他人会产生有选择性的亲密关系，相互之间有融洽关系的小团体可能会比缺乏共同情感取向的群体

① 吴志宏，冯大鸣，周嘉方．新编教育管理学．上海：华东师范大学出版社，2000：57.

工作得更出色。总之，人际关系学的学者都主张，充分调动人的工作积极性，改善组织中的人际关系，才能达到有效管理的目的。

人际关系学说的提出，使教育管理学的研究进入一个新的阶段，即由过去单纯重视组织本身和教育工作分析，转变为注意组织成员的心理倾向和价值观念分析。其对学校管理实践的影响主要是在20世纪的四五十年代，这些影响反映在：第一，提倡改善学校人际关系、民主管理学校的著作、论文在当时大量涌现，推动了人际关系理论在教育界的传播；第二，学校行政人员对满足教师心理需要、提高教师士气的意义有了一定认识；第三，有识之士呼吁学校在制订计划时应倾听教师的意见，做到民主参与决策，以求改善学校中上下级关系；第四，部分教师开始有意识地向学生灌输合作意识，以提高学生的人际交往能力。总体上看，人际关系学说以及相随而来的民主管理思想，对当时的西方国家教育管理理论发展产生了一定的积极影响，正如有学者后来评论的那样，在人际关系学说的影响下，“独断专行的学校管理者不见了，师生享有了比以往任何时候都多得多的自由，学校也成为学习和工作的快乐的场所”①。

到20世纪50年代，最能体现人本主义精神的行为科学开始盛行，管理理论研究进入到一个新的时期。在管理理论领域，行为科学是一门全新的学科，它运用心理学、社会学、政治学、经济学、人类学等多学科知识，探讨管理过程中的人的行为问题。行为科学认为，管理就是对人的管理，就是对人的行为的管理。人的行为是由动机决定的，动机是由需要引起的，管理就是要解决人的行为、动机和需要三个因素之间的关系。管理的任务是协调人际关系，激发人的积极性，以达成组织的共同目标。行为科学理论研究的领域非常广泛，包括个体行为、激励理论、群体行为理论、组织行为理论、领导行为理论等。到20世纪60年代，行为科学的重要分支组织行为学开始出现，着重研究人在组织中的行为问题，诸如行为产生的原因、影响行为的因素等，目的是更好地调动人的工作积极性，提高管理的效率。行为科学理论包括许多分支，对教育管理影响较大的有巴纳德(C.Barnard)的社会系统理论、马斯洛(A.Maslow)的需要层次

① 吴志宏，冯大鸣，周嘉方．新编教育管理学．上海：华东师范大学出版社，2000：50．

理论、麦格雷戈(D.McGregor)的人性假设理论、赫茨伯格(F.Herzberg)的双因素理论、布莱克(R.Blake)和穆顿(J.Mouton)的领导风格理论、菲德勒(F.Fiedier)的权变理论等。

巴纳德是第一位将管理与行为科学加以关联的学者，也是最早运用行为科学方法研究组织问题的人。巴纳德特别强调组织是一个人的内外协作的社会系统，其要素是共同的组织目标、合作的意愿以及信息的流通。因此，在管理理论领域他也被看作是社会系统学派的代表人物。巴纳德认为，领导者要把握的沟通基本要点可归纳为七方面：①要使每个组织成员明确了解组织沟通的渠道和线路；②明确的正式沟通渠道必须通达每个组织成员；③沟通的渠道应尽可能短而直接；④沟通的线路应经常加以利用；⑤领导者是组织沟通的中心人物，他应具备足以胜任这一角色的才能；⑥组织正在运作时，应确保沟通线路不被打断；⑦每项沟通应该被认证，亦即对沟通者是否有权作某项沟通应加以确认。

在激励问题研究领域，马斯洛的需要层次理论把人的需要分成从低向高发展的 5 个等级——生理需要、安全需要、归属需要、自尊需要和自我实现的需要，管理人员的工作就是为组织成员提供条件满足其需要，而需要的满足自然有助于组织目标的实现。麦格雷戈在马斯洛的需要层次理论的基础上提出了“X 理论”和“Y 理论”。麦格雷戈认为古典组织理论观点是建立在“X 理论”关于人性的假设上，即认为人是经济动物，需要严格管理。虽然人际关系理论对这种看法有所改变，但对人的需要及其实现的方法方面论述得不够。而“Y 理论”更适合于作为管理思想的基础，强调人的主动性、社会性、创造性。赫茨伯格在马斯洛和麦格雷戈理论的基础上提出了“双因素理论”，把防止人的不满意产生的因素称为“保健因素”，把引起人的满意的因素称之为“激励因素”。保健因素与人的生理需要、物质需要的满足有关，来自于工作之外；而激励因素主要是与人的精神需要的满足有关，来自于工作本身。保健因素是不能缺少的，但真正能够产生激励作用的则是激励因素。管理者要把这两种因素有效地结合起来，引导组织成员在工作中获得满足。

在领导行为研究领域，布莱克和穆顿设计了“领导方格图”，提出从两个方面来评估管理行为：对生产的关注和对人的关注。这个网格模型是要帮助管理者认清他们自己的领导风格，理解其下属是如何受他们的领导风格影响的，并寻求采用与其雇员的需要相一致的其他类型的管理。菲德勒提出了与前人研究主张不同的领导权变理论。这个理论的基本前提是：在某些情境下受人际关系驱动的领导者干得较好，而在另一些情境下很可能受任务驱动的领导者的工作更有效率。决定情境与有效领导者之间的关系的变量有 3 个：领导者和下属间的关系(领导者感觉被其下属接受的程度)、任务结构(将要完成的工作的明晰程度)和地位权力(领导者能在多大程度上控制其下属所受到的奖惩)。由此，领导者不必追求普遍适用的、一成不变的管理理论和管理方法，实际上那也是不存在的。只有一切从实际出发，根据环境和内外条件的变化，符合实际地进行管理，才能达到组织的目标。

行为科学出现以后，对教育管理形成巨大的冲击。从 20 世纪 50 年代中期到 80 年代，欧美教育管理理论的主导思想就是介绍行为科学。在行为科学的影响和启发之下，教育管理领域进行了大量的理论化工作。研究者在实证调查的基础上提出了大量的理论，这些理论极大充实了教育管理的理论体系。在研究方法上，行为科学出现以前，教育管理研究的主流属“根据常识的价值判断”，实证研究虽有但不被重视。而行为科学基本的研究手段就是实证研究，包括编制问卷、访谈调查、实地观察、个案分析等。这些研究手段被大量运用到教育管理领域之后，打破了以前的研究模式，使得教育管理的研究更为严谨和科学。

人本主义教育管理组织理论把目光集中在组织中的“人”身上，是一种以人为本、以价值观为基础的教育组织理论体系。在这一体系中，人的地位是不同于其他管理要素的具有精神文化属性的主体。人是有丰富性、精神性、非理性心理意识的主体存在，理性不过是意志实现目标的工具，人是按愿望、激情、意志行动的。人本管理认为管理绝不仅仅是一个物质技术过程或制度安排，而是和社会文化、人的精神特质密切相关的；在思维方式上强调以形象思维代替逻辑思维；在管理方法上，重视对情感、宗旨、信念、价值判断、行为标准等“软”因素的长期培训，通过培养自己组织的组织文化来提高组织成员的凝聚力。

(三) 行为科学管理理论

从 20 世纪 50 年代起，管理科学步入行为科学阶段。行为科学是一门全新的学科，它运用心理学、社会学、政治学、经济学、人类学等多学科知识，探讨人的行为问题。到 60 年代，行为科学进一步发展成组织行为学，着重研究人在组织中的行为问题，诸如行为产生的原因、影响行为的因素等，其目的是更好地调动人的工作积极性，提高管理的效率。行为科学研究的领域非常广泛，以下是其中一些有影响的代表人物及其研究成果。

1．巴纳德的社会系统理论

巴纳德是第一位将行政与行为科学加以关联的人①，也是最早运用行为科学方法研究组织问题的人。他的代表作《经理人员的职能》一书，对行为科学的创立起了重要的作用。巴纳德的理论内容丰富，包括对组织性质的分析、组织要素的理论、正式组织和非正式组织关系的论述、组织决策过程的分析等。由于巴纳德特别强调组织是一个内外协作、平衡的社会系统，因此在管理学上他也被看作社会系统学派的代表人物。

2．西蒙的决策理论

西蒙是当代行政学的代表人物，决策理论的创立者。西蒙在其理论中重点阐述了决策的意义、类型和过程，并对组织决策的合理性问题做了深刻分析。他还主张以行政行为的研究替代行政学的传统研究方式，包括行政组织、人际关系、人员激励、行政程序等。由于在组织决策研究方面的杰出贡献，西蒙荣获了 1978 年诺贝尔经济学奖。

3．领导行为的研究

行为科学最引人注目的研究成果集中在对领导行为的研究方面。从 20 世纪 50 年代以来，这一领域取得了长足的发展，出现了一大批观点和学说，其中最重要的包括以下几种。

---

① 黄昆辉．教育行政学．台北：东华书局，1996：80．

(1) 以斯多格迪尔、汉姆菲尔、哈尔平等为代表的美国俄亥俄州立大学的研究及他们所多次修订的“领导行为描述问卷”(简称 LBDQ);

(2) 以李克特、卡茨等为代表的美国密西根大学的研究及他们所提出的“以员工为导向”和“以生产为导向”领导两维层面理论;

(3) 布莱克和莫顿的“管理方格理论”;

(4) 菲德勒的“权变理论”以及他所编制的“最难共事者问卷”(简称 LPC);

(5) 赫塞和布兰查德的“情景领导理论”;

(6) 豪斯的“路径-目标理论”;

(7) 哈尔平、李克特等有关组织气候的研究以及他们各自修订的“组织气候描述问卷”(简称 OCDQ)和“组织特征测量图”(简称 POC)。

激励理论如何激发行为动机，调动员工的生产积极性，这也是行为科学家关心的问题，这方面的研究一般称为激励理论。行为科学家在激励方面的研究主要包括以下几项。

(1) 马斯洛的“需要层次理论”;

(2) 麦格雷戈的“X 理论、Y 理论”;

(3) 赫茨伯格的“双因素理论”(也称“激励-保健理论”);

(4) 弗鲁姆的“期望理论”;

(5) 亚当斯的“公平理论”;

(6) 莫尔斯和洛希的“超 Y 理论”。

除上述领域外，行为科学家还在人际沟通、组织发展和变革、角色冲突、组织文化、参与决策等方面进行了广泛的探讨。大体而言，古典管理学派注重组织的结构与科学的管理，较少研究组织中的人的问题；人际关系理论通常只重视人的问题，却忽视组织的问题，而行为科学在一定程度上纠正了前两种理论的偏颇，试图用一种整体、统合的观念看待组织和人的关系，力求实现管理过程中的组织和人的统一、协调和平衡。

行为科学兴起以后，在欧美管理学界产生极大反响，其实证研究方法被广泛运用于企业、机关、银行等各个部门的管理。与此同时，行为科学对教育行政管理也造成巨大的冲击。从20世纪50年代中期到80年代，欧美教育管理学界的主导理论就是介绍行为科学，再有就是韦伯的科层制理论。直到今天，虽然行为科学的研究在教育管理学界有所放慢，但其主流地位并没有从根本上动摇。对于行为科学对教育管理的影响，可以从理论、研究方法和学科建设三个方面来加以分析。

从理论角度来说，20世纪50年代以前，教育管理领域的理论要么属抽象的哲学思辨，要么是单纯的经验总结。在学院里，“按照惯例，教育管理一直由以前的教育局长们教授，他们的专业知识主要来自他们多年在第一线工作中辛辛苦苦获得的经验”。①50年代中期以后，在行为科学的影响和启发之下，教育管理领域进行了大量的理论化工作，研究者在实证调查的基础上提出了大量的理论，这些理论极大地充实了教育管理的理论体系。难怪后来有不少学者评论说，这一时期是教育管理的“理论运动”(The Theory Movement)和科学化运动时期。

在研究方法上，行为科学基本的研究手段就是实证研究，包括编制问卷、访谈调查、实地观察、个案分析等等。这些研究手段被大量运用到教育管理领域之后，打破了以前的研究框架，使得教育管理的研究更为严谨和科学。

在学科建设方面，由于采用了行为科学的理论和研究方法，教育管理学的学科建设出现了极大改变，科学的成分大大增强，学科的体系也日趋严密和完善。正是在这个意义上，后来很多研究者得出这样的结论：教育管理学自20世纪50年代后才真正走上科学的道路，并被学术界公认为一门独立的学科。

(四) 后现代教育管理思潮

后现代主义(postmodernism)思潮是指20世纪六七十年代以来在西方国家兴起的具有广泛影响的社会文化思潮，它涉及哲学、文学、历史、艺术、建筑、语言、教育等社会文化诸多领域。当时，在西方学术界的一些学者中普遍存在这样一种观点：以往的社会被“现代主义”所统治，这种“现代社会”最基本的特征是，普遍崇尚科学技术；坚信现实世界存在某些潜在逻辑模式和固有秩序；相信人们只有运用科学方法(实证、实验、量化等)才能发现这些潜在的逻辑模式和固有秩

① 欧文斯．教育组织行为学．孙绵涛，译．上海：华东师范大学出版社，1987：25．

序；理性、科学和技术的力量不但能征服自然界，也能被用于改造人类社会。然而，随着社会的知识爆炸、高度工业化、城市化、信息化、经济全球化、价值多元化等，现在的社会已经进入继“现代”之后的又一发展阶段，即“后现代”。处在“后现代”这样一个社会背景之下，以理性、科学和技术为基本宗旨的传统信念，已经不能解释许多新的社会文化现象，更无法适应社会的发展，因此必须取而代之另一套思想体系，即所谓后现代主义观念体系。①

后现代主义思潮内容庞杂，涉及面广，可谓是多种理论的混合体。然而，透过纷繁复杂的理论体系我们还是可以察觉出后现代主义思想家在认识论上的一些共同点，如：拒绝科学技术的霸主地位，认为科学不可能面对纯粹的事实，人类对一切社会和自然的认识都不可避免地渗透价值、信仰、意志、体验等因素；认为知识本身具有多样性、多元性、发展性的性质，它是特定历史条件下创造的结果，如果说现代主义寻求的是永恒真理，那么后现代主义对这些永恒真理表示怀疑；认为实验研究和逻辑分析也不是唯一的认识世界的方法，解释、叙述、亲身体验、直觉、主观判断等都可以作为认识世界和社会的方法；等等。总之，对神圣科学的怀疑、信仰多元化、提倡通过主观体验认识世界等，构成了后现代主义思想家认识上的共同特征。

后现代主义思潮在20世纪后半叶几乎渗透西方学术界各个领域，当然不可避免影响到教育管理研究领域。由此出现了一批具有后现代主义色彩的教育管理思想家，其中最著名的有持主观主义立场的格林菲尔德(T.B.Greenfield)、霍金森(C.Hodgkinson)、英格里西(W.English)等，有具有批判论色彩的福斯特(W.P.Foster)、贝茨(R.J.Bates)等，还有主张女性主义思想的教育管理研究专家等。

以格林菲尔德为代表的主观主义理论家认为，过去的教育管理理论，尤其是行为科学影响下的“教育管理理论运动”，存在着许多缺陷，如盲目地崇拜组织的自然属性，否认教育管理中的价值问题等。而在这些研究者看来，组织其实不是纯粹的自然实体，而是人为了适应社会自行创造的产物；组织的目标反映了人的意志、权力和价值；组织的结构也不是预先建构好的，而是组织成员相互作用的

① 吴志宏．教育管理学．北京：人民教育出版社，2006：55．

产物；既然是人为的产物，因此组织也不存在统一、客观、普适性的理论；教育管理面对的问题不仅是事实问题，更重要的是价值问题，在教育管理活动中，事实和价值不能截然分离；如果教育管理者只关注组织的结构、形式和工具意义，就会把更重要的教育目的置于脑后，这样教育管理的意义和价值就会被大大削弱。

以福斯特、贝茨等为代表的批判论者认为，教育管理研究应该更多地提倡人本主义，而不是科学主义和实证主义。例如，教育管理不仅要考虑学校的科层制问题，更要考虑民主化问题，如审视学校组织及管理是否促进了社会的自由、公正和民主化发展；教育管理者不能满足于现状，而应该成为一名批判色彩鲜明的人文主义者，他们应对所有“理所当然”的假设、常识进行质疑、反思和批判；应当把组织管理理论看成是一门道德科学，它必须时时关注管理中的道德问题，尤其是道德两难问题；教育管理问题应置于更宽广的文化和政治背景中去考察，而不仅仅局限于所谓的类似于自然科学式的研究；不能仅仅把学校视为上学读书的地方，更应视为展现各种文化和价值观念的地方；等等。

女性主义教育管理观在后现代教育管理思潮中也有一定影响。持有这一类思想的研究者认为，长期以来，现代组织一直受男性文化所支配，这种文化强调权力、服从、忠诚、竞争、效率等等，把个人看作商品，其价值仅仅根据对组织所作出的贡献来衡量；女性在组织中的价值并没有真正受到重视，如在教育管理领域，学校领导大多数是男性，男性思维主导着教育管理过程，男女不平等现象到处可见，等等。针对这种状况，女性主义教育管理观主张，应该换一种视角，即从女性视角出发来体验、观察教育管理问题，在教育管理过程中充分运用女性的特点，如善于支持、非武断、充满感情色彩、关心他人、善于表达等，这样教育组织的管理才能更为完善，管理过程中的人际交流、对话和理解才能得以充分展现。

后现代教育管理思想虽然在很多方面存在种种不足，但毫无疑问，它们对今天的教育管理研究和教育管理实践具有深刻的启发意义。后现代教育管理思想反映了在新的社会背景下，人们对教育管理问题有了新的思考，如关注教育组织的特性和差异性问题，重视教育管理过程中的以人为本，重视教育管理活动中诸如学校宗旨、学生发展、学校与社会关系等与价值关系密切的问题等。对后现代教育管理思想的适当了解，有助于我们从更宽广的视野理解教育管理问题，进而更准确地把握未来教育管理思想和实践的发展趋势。

综上所述，20世纪以来，管理思想每发展一步，几乎都对教育管理的理论和实践产生重大的影响。其中古典管理理论或许对教育管理的实践影响大些，而人本主义理论、行为科学、后现代思潮等则对教育管理的理论研究影响更大。今天的教育管理与历史的发展是密不可分的，它是历史的延续，也是历史的发展和创新。这其中，古人的思想和实践为我们今日的教育管理实践提供了借鉴和启发，而近现代的教育管理研究则为我们认识教育管理问题提供了深刻的科学研究方法。

第二节　教育管理的实践探索

一、传统教育管理的实践探索

（一）古希腊教育管理实践

要研究西方教育管理的历史，最适当的起点是古希腊。正如黑格尔所言：一提到希腊，现代有文化修养的人就觉得亲切、熟悉。希腊教育管理思想和实践，对所有欧洲国家的教育发展有着巨大的影响。

古希腊最有影响的城邦有两个，一个是斯巴达，一个是雅典。斯巴达实行的是一种国家集权式的教育管理制度，政府完全控制教育，教育行政高度从属于普通行政，专职教师和督学则从高级行政官吏中选拔，政府安排德高望重的长者对学生进行道德教育，并实施完全的免费教育政策，绝对禁止私立学校。所有这些都表现出国家对教育的高度垄断权。古希腊的雅典或许是世界上最早尝试依法治教的国家，早在公元前6世纪，当时的执政者梭伦(Solon)就颁布了有关的教育法令，法令规定：双亲必须照管孩子的学习；国家为战争遗孤支付学费；指定学校的视导员；确定学校的规模、教育对象、开学及放假时间；委派教员，明确责任；

确定学生在校时与成人交往的方式；成人不得进入学校；等等。不过，雅典的执政者非常高明，他们并不主张国家对教育干预得过多，因而在法令中对学校的教学科目和教学方法不作任何的规定。政府提倡多种形式办学，尊重人们选择教育机构和教育方式的权利。在雅典，绝大部分的初等学校为私立学校，学校内部管理的环境比较宽松。斯巴达和雅典代表了两种不同的教育管理模式，这两种模式对后来的西方教育的发展，尤其是教育管理体制集权与分权的分化产生了深远的影响。

（二）古代贤哲的教育探索

英国有些著名的教育史学家曾认为，欧洲教育史上出现过三大教育理论探索时期，其中第一也是最伟大的时期是古希腊时期，[①]因为这一时期出现了柏拉图、亚里士多德这样的教育思想先驱。柏拉图和亚里士多德是师徒关系，故两人的教育管理理念十分接近。第一，他们都认为，教育是国家的头等大事，可以改造人性，故应由国家来管理；国家的执政者必须认真制定教育方针政策，统一管辖全国的教育事业。第二，两人都把教育看作理想国家或理想政治的一部分，觉得有必要精心设计一套教育制度，如柏拉图设计了从幼儿到哲学王的长达30多年的教育计划，亚里士多德则构思了对青少年施以体育、德育、智育三方面的教育蓝图。第三，两人都提出在教学管理中要重视教材的选择，认为教材的内容对儿童道德品质的形成影响巨大。第四，他们都重视被教育者的身体训练和智力发展，因此对组织和管理学校体育和品格教育都做了十分细致的规定。当然，他们之间也有差异，柏拉图看重教育对社会发展的巨大作用，而亚里士多德则更倾向于通过教育去追求人的自我发展和自我实现。

古代西方另一位值得一提的人物是古罗马时期唯一留下系统教育著作的教育家昆体良。罗马帝国庞大的学校教育系统和延续数百年的办学经验，为昆体良的教育智慧提供了丰富的素材。除大多数教育家都坚信的那些教育思想，如教育在人的形成中起巨大作用等外，昆体良在教师、教学和学生管理方面也都提出了一

① 博伊德．西方教育史．任宝祥，吴元训，主译．北京：人民教育出版社，1985：25．

些可行的见解。关于教师，昆体良提出，应该让那些德才兼备的人当教师，合格教师的首要条件是德行，其次才是学识，再次是懂得爱护学生，最后要掌握教学艺术。关于教学管理，昆体良作为20多年拉丁语学校的校长，自然是感触颇多，他认为专业教育不该急于求成，应建立在广博的普通知识的基础之上。各学科教学也不该某一门单科独进，而应交替进行，教学必须照顾学生的个别差异，采用因材施教的方法。他的名言是："教学要能培植各人的天赋特长，要沿着学生的自然倾向最有效地发展他的能力。"关于学生管理，昆体良特别提到体罚和学生过度疲劳等问题，他认为对孩子的体罚是一种耻辱的教育方式，只会造成儿童心情压抑、沮丧和消沉。儿童的学习不能过度疲劳，要做到劳逸结合，特别是通过游戏来消除疲劳。昆体良的这些精辟论述，在西方的教育管理思想史上自然可占重要一席。

（三）人文主义教育探索

"文艺复兴"一词通常用来表示人类精神的惊人觉醒，这种精神觉醒宣告了新时代黎明的即将来临。14－16世纪末，在经历漫长的黑暗时代后，西欧迎来了激动人心的文艺复兴运动。文艺复兴带给教育的也是一片新生，以人为本的理念，占据了这一时代教育管理思想的主流。

教育以人为本，培养身心和谐发展的人，这一目标是与中世纪通过教育培养压抑人性、盲目服从上帝和教会的人的目标格格不入的。为实现这一教育理念，意大利著名教育家维多利诺办起了名为"快乐之家"的学校。在这所学校里，维多利诺改革了课程，扩大了学习内容，努力使教育过程适应儿童的天性和个别差异。他说："我们并不希望每个儿童在心智方面都表现出同样的或同程度的兴趣。而不论我们自己的嗜好怎样，也得承认，我们必须服从自然的指引。"在管理"快乐之家"的过程中，维多利诺采用了多种教学形式，如游戏、演说、短途旅行、体育、绘画等，他还倡导自由教育，主张学生自治，减少惩戒，禁止体罚。维多利诺的这些办学实践，对欧洲后来的教育发展产生了极为深远的影响，他本人也被称为这一时期"第一个新式学校的教师"。

文艺复兴时期是一个人才辈出的时代。这一时期涌现出一批虽没有直接办过学，但具有强烈革新愿望的教育家。他们视学生的发展为最高目标，强烈呼吁教育要尊重儿童的个性，教师对学生不要管得过紧。如法国人文主义教育家蒙田宣称，教师限制过多，就会窒息学生的能力成长。“由于教师剥夺了学生独立工作的自由，从而使他变得更加奴性，更加懦怯”。另一位法国人文主义教育家拉伯雷也提出，儿童生活的原则应该是“随心所欲，各行其是”，学校则应根据这一原则安排儿童的各种学习活动。对旧教育的不满导致人文主义教育家在教师管理方面持一种谨慎的态度，如北欧人文主义大师伊拉斯谟认为，选择教师要慎重。事实上，发现和训练理想的教师，要比描绘理想的教师难得多，而教师一旦被选上，就不要频繁地更换。他还建议要对教师的工作进行系统的训练。蒙田也说，一个真正称职的教师，应该是“按照所教育的孩子的能力施教，使他的能力表现出来，让他对许多东西都学一点，然后独立地做出选择和区别，有些时候给他开条路，有些时候要让他自己去开路。”除上述学生管理、教师管理方面外，人文主义教育家们在学校德育管理、体育甚至美育管理方面也有出色的论述，这些论述对近代西方教育管理思想的发展起到了极大的启蒙作用。

二、现代教育管理的实践探索

（一）人际关系管理探索

针对古典管理理论过于强调制度化管理，把人当成只注重眼前利益的“经济人”，忽视人的社会需要等缺陷，20 世纪 30 年代开始流行的人际关系学说提出了一套全新的管理理念，人际关系理论的主要代表人物有梅奥、罗特利斯伯格等。他们在长达 8 年的工厂管理实验的基础上，提出了下述观点。

(1) 经济刺激并非唯一的刺激动因，实际上非经济的社会因素限制了经济动因的效力；

(2) 工人是以团体成员的身份，而不是以单个人的身份对待管理的；

(3) 与人的生理能力相比，非正式组织的社会准则对产量的影响更大；

(4) 专业化并不一定促使最有效的生产组织；

(5) 工人们往往利用非正式组织来捍卫自己，以免受专断的管理之害；

(6) 非正式的社会组织与管理是相互作用、相互影响的；

(7) 狭窄的控制幅度不是有效管理的先决条件；

(8) 非正式的领导常常跟正式的管理人员同等重要；

(9) 人不是机器中被动的齿轮，而是能动的生物体。

很显然，上述观点与古典管理理论完全不同，更强调人的动机、工作满意度、非正式组织的意义等对提高劳动生产率的价值。可以说，在人和组织这两头之间，古典管理学派看重的是组织这一头，而人际关系学说更看重人这一头。人际关系理论家坚信，只有充分调动人的工作积极性，改善组织中的人际关系，才能达到有效管理的目的。

人际关系理论对教育管理学界的影响主要是在20世纪的四五十年代。这些影响反映在：第一，提倡改善学校人际关系、民主管理学校的著作、论文在当时大量涌现，推动了人际关系理论在教育界的传播；第二，学校行政人员对满足教师心理需要、提高教师士气的意义有了一定认识；第三，有识之士呼吁学校在制订计划时倾听教师的意见，做到民主参与决策，以求改善学校中上下级关系；第四，部分教师开始有意识地向学生灌输合作意识，以提高学生的人际交往能力。从总体上看，人际关系理论以及相随而来的民主管理思想，对当时的欧美教育行政管理产生了一定的积极影响，正如一位专家后来评论的那样，在人际关系学说的影响下，“独断专行的学校管理者不见了，师生享有了比以往任何时候都多得多的自由，学校也成为学习和工作的快乐的场所”。

(二) 结构主义管理探索

所谓结构主义，其实就是以当代最负盛名的管理思想家韦伯的“科层制”理论为代表的管理学说。实际上，我们很难说这一学说代表了管理思想的新的发展阶段，人们一般都把它归入古典管理学派阵营。不过，韦伯的著作自20世纪40年代翻译成英语后，确实对教育管理学的发展产生很大影响，促使人们对学校组织的性质进行再认识，所以从这一点来说，在 T·胡森主编的《国际教育百科全书·教育管理卷》中，把“结构主义”单独作为一个阶段，甚至认为“从 1950 年至 1970 年，官僚体制或结构主义是教育行政管理的主要观点”，也不是一点没有道理。

韦伯的理论之所以被人称作结构主义，原因是其“科层制”学说特别注重组织内部的结构设计。韦伯认为，现代社会各种组织中，最理想、最有效率的组织是所谓科层制组织。这种组织具有以下特征：①分工和专业化；②非个人取向，即做事不讲情面，不受个人感情色彩影响，公事公办；③权力等级体系，即组织中每个成员按其职务和权力大小排列成一个自上而下的系统，每一个职务低的人受到职务高的人的严密控制，以保证上级指示被严格执行；④规章制度，即组织中要有严密的规章制度，以规范组织的运作；⑤职业导向，即主要依据能力、成就、资历等来提拔、晋升员工，以鼓励员工对组织保持忠诚。

韦伯的理论及其对组织结构的分析，对工商业及政府机关的管理实践有着巨大的指导意义，对教育管理学的研究也产生了深刻影响。我们从国外很多教育管理学著作中可以体会到这种影响。对照韦伯的理论，研究者最感兴趣的是，学校作为一种组织，算不算韦伯所说的“科层制”？如果算，学校的“科层制”到了什么样的程度？对这一问题的探讨，促使人们转向对学校组织基本性质的思索。有些人认为，学校组织毫无疑问是“一种高度发展了的科层制组织。正由于如此，学校表现出许多与军事机构、工业机构以及政府机构相似的特征，并且可以运用这些机构所采用的许多方法”。这种观点倾向于认为，学校组织的性质本质上与其他组织没什么不同，故其他部门的管理方法，在学校中同样可以运用。另一些人认为，学校不属于典型的科层制，有科层制的一面，更有教学的专业化的一面。科层制与专业化之间通常会产生很多冲突，故韦伯的理论应用于学校有其局限性。为了解学校组织科层制的程度，一些研究人员还编制了相关的量表，如霍尔(R.H.Hall)的“组织量表”(Organizational Inventory)，麦克(D.A.Mackay)的“学校组织量表”(School Organizational Inventory)，普夫(D.S.Pugh)等的“亚斯顿访问调查表”(The Aston Inventory)等，这些量表对测评和分析学校组织的性质提供了依据。

在各种学校组织性质的讨论中，最引人注目的是科恩(Cohen)、韦克(K.E.Weick)等人提出的“松散结合系统”(Loosely Coupled Systems)理论。这一理论认为，科层制理论解释教育组织并不合适，因为后者具有特殊性质。其具体表现在以下三方面。

(1) 教育组织的目标不是具体明确的，这些目标总是用委婉、抽象的语言陈述出来，对清晰的决策起不了什么指导作用，把这些目标转变成明确的行动方案也是困难的。如什么是“优秀”“教育质量”等，根本不可能有一致的看法。

(2) 教育组织所运用的技术也是不清楚的、模糊的，“何为教学？学习过程何时发生？什么对此负责？不论在哪一个层次上，大多数教师都是在一种试验和错误的基础上行动的，行得通，就干下去，如果不行，再换别的。这种方法可以与现代人们对工业组织的技术的理解形成对照：鉴别和分出一辆成品汽车中的独立部件，要比鉴别和分出教学过程中的独立成分容易得多。在装配线末端，如果一辆汽车运转不灵，找出毛病的原因相对来说比较容易，而如果一个学校毕业生不会写作，确定毛病出在哪里的过程是相当困难和不精确的”。

(3) 教育组织呈现出一种“流动式参与”的特点，人员流动性大，决策过程异常复杂，影响决策的因素也往往把握不定，不同的问题会吸引不同的利益集团和个人加入教育的决策过程，等等。

由于教育组织存在上述特点，因此“与其把它说成是一个具有内聚力的结构，还不如把它说成是一个观念上松散的结合体”。学校系统和学校事实上是以结构松散为特征的。学校有很大的自主权和自由，在教室上课的教师只是极其一般地受到校长的控制和指导，他们中的每一个都保持其特殊性和个别性。科恩等人 20 世纪 70 年代初提出的松散结合系统理论，在一定程度上揭示了学校组织的特殊性质，对指导学校管理工作有极大帮助，故学术界对此给予很高评价，称其为“现代教育组织理论”。总的来看，结构主义对教育管理的影响主要是在理论层面，但因为它涉及教育管理最基本的问题——学校组织的性质问题，故而引起教育管理学界这么多的关注和讨论。

（三）杜威及其实验学校的管理实践

作为20世纪的教育大家，杜威显然处在一个极其重要的位置上。他的不少教育理念，如教育是经验的不断改组和改造、从做中学、学校即社会、教育即生活等，长期以来在各国的教育界广为流传。特别是他于20世纪初(1919—1921)在中国的两年多时间，又把他的思想带到中国，对现代中国教育的发展产生了巨大影响。其实，杜威并不仅仅是一个教育思想家，他还有着丰富的教育管理实践经历，他的很多思想就来自于他的教育管理实践。

1896年，杜威在美国芝加哥大学教授哲学和教育学，为了实践其教育思想，曾在大学附近创办了一所儿童实验学校，即“杜威学校”(Dewey School)。在办学的过程中，他原先的朦胧想法逐渐明朗和成熟，最终写出了《我的教育信条》《学校与社会》《儿童与课程》等恢宏巨著。

杜威十分看重学校管理，他声称：“学校工作有三个主题：教材、方法和行政或管理，这三者是三位一体的。”①他的管理思想也十分明确，核心就是把儿童放在一个重要位置上，为儿童提供全面、有效的活动，使儿童积极主动地学习、发展，这在当时传统教育盛行的年代简直是一种反叛式的学校管理风格。在杜威学校里，学生不按年龄分年级，而是按学生发展阶段分为若干小组；学校没有考试，没有升留级；教学围绕不同形式的主动作业展开，如纺织、烹饪、金工、木工等；课本以儿童的生活经验为核心来编写；儿童的管理实行充分的民主化；等等。在杜威看来，儿童的世界不是事实和规律的世界，而是有其自己的特征，然而现在学校的一门门互相独立的学科却把儿童的世界肢解了，已经归了类的各门学科，是许多年代的科学的产物，而不是儿童经验的产物。

当时，有两种课程观：一种认为课程教材比儿童的经验重要得多，教育者的任务在于以确切的方式，在课堂上提供有关的教材，让儿童被动地接受；另一种认为儿童是起点，是中心，一切科目相对于儿童的成长来说只处于从属的地位，教材不该从外部灌输进去，而应该从儿童的经验着手，学习是主动的过程，决定

---

① 杜威．民主主义教育．王承旭，译．北京：人民教育出版社，1990：99．

学习质量的是儿童而不是教材。杜威的思想显然偏向于后一种观点。他努力使其实验学校成为儿童生活的乐园和智慧园，“在学校里，儿童的生活成为决定一切的目的”。学校一切教育和管理活动都要服从儿童的兴趣和经验的需要，“儿童是中心，教育的措施便围绕他们而组织起来”。

杜威的主张和实践虽然有其历史的局限性，但是不可否认，他向世人展示了一种全新的教育理念和学校管理模式。这套理念和模式直到今天，对于我们进行教育改革仍然有着积极的价值。

(四) 夸美纽斯的教育管理探索

恩格斯在谈到中世纪到近代社会的转变时说：欧洲中世纪的终结和现代资本主义的开端是以意大利诗人但丁为标志的，但丁“是中世纪的最后一位诗人，同时又是新时代的最初一位诗人”。在西方教育史上，有一位与但丁地位类似的承前启后的人物，这就是17世纪捷克著名的教育家夸美纽斯。多少年来，他被人们尊奉为“现代教育科学的真正奠基人”，就像西方学者基廷(M.W.Keatinge)评价的那样：“就其思想的深邃、见识的卓越、涉及领域的广阔，乃至实践经验的丰富及其理论的可行性来说，教育家中没有哪一个可以企及。”评价之高，令人瞩目。确实，仅就夸美纽斯关于教育管理思想而言，他是无愧于这一评价的。

1. 国家应担负起管理教育的责任

夸美纽斯认为，教育对于社会、国家和人的发展起着巨大的作用，基于这一思想，他主张国家的当权者应义不容辞地担负起管理教育的重任。国家应该普遍设立学校，选择合适的人担任国家督学，督学的职责包括对教育管理者进行培训，检查校长、教师的工作，了解学校教学情况等。

2. 建立全国统一的学校制度

为使所有儿童都有上学机会，夸美纽斯提出了统一学制的主张。他的设想是：每个家庭有母育学校，每个村庄有国语学校，每个城市有高等学校，每个省有大学，儿童依次在这些学校中接受学前教育、初等教育、中等教育和高等教育。夸美纽斯这一统一、分段而又连贯的学校制度的设想，对以后的教育管理制度的发展和完善起到了不可估量的影响。

3．学年制和学日制

17 世纪以前，欧洲学校的教学计划是混乱无序的，没有固定的开学日，学生随时可入学。夸美纽斯不满于这一现象，在其代表作《泛智学校》中提出，学校应该有基本固定的开学日和结束时间，这一时间可放在每年的秋季。除此时间外，不应收任何人入学，这样才能使儿童的学习进度一致起来，也便于学习结束时的考试和升级。每个学年还可分成若干阶段，其中可以有 4 次较长的休假日。学生每天的学习也要合理安排，每日可安排 4 小时上课，每上课 1 小时休息半小时，每周三、六的下午是自由活动时间。夸美纽斯的这些主张，与我们今天的学校安排是多么的相似。

4．班级授课制

过去的学校教学形式松散不一，同一课堂中学习的内容和进度都不一致，教师只对学生个别指导。针对这一现象，夸美纽斯第一个提出班级授课制的主张。他建议，把学生按年龄和程度分班，作为教学的组织单元。每个班级有一个教室，以免妨碍其他班级。每个班配备一位教师，同时对全班学生进行教学，这样教师可以少教，但是学生可以多学，夸美纽斯的这一建议在今天看来几近常识，然而在当时却算得上石破天惊。可以说正是有了班级授课制，才使今天学校的教学管理的制度化、标准化成为可能。

5．考试制度

为检查教学效果，夸美纽斯制定了一套严密的考试制度。他设想，依学时、学日、学周、学月、学季、学年而建立不同的考查形式。如学时考查可通过教师在课堂上口头提问进行，学年考查则让学生集中在操场，通过抽签进行口头检查和考试，考试结果作为是否升级的依据。

6．学校人事管理

夸美纽斯认为，学校应由三部分人所组成，即学生、教师和学校管理人员。

在其著作里，已出现校长、副校长、主任这些专门的人员称谓，“这表明在当时的一些学校至少是在他领导的学校中，管理人员已从教学人员中分离出来，专门从事管理工作，有了真正意义的管理，教育管理已由经验型的管理过渡到行政型的管理”。[①]夸美纽斯特别提到了学校校长的管理职责，认为校长作为全校的支柱和核心，应负责协调和领导全校的工作，如对教师的管理、监督学校规章制度的执行情况、管理学校的档案等。

7．学校纪律

夸美纽斯非常重视纪律在学校管理中的作用，他的名言是：“学校没有纪律便如磨坊没有水。”[②]维护纪律的办法有三种，一是及时监督，二是谴责，三是惩罚，惩罚要既严格，又温和，以利于错误行为的纠正。

夸美纽斯是西方教育史上第一个全面系统地论述教育管理的思想家，他的很多主张直到今天仍具有积极的价值。我们今天很多学校管理制度的确立，可以说与他的思想及实践有一定的联系，由此可见他在教育管理史上的重要地位。

（五）赫尔巴特的教育管理探索

在西方教育史上，19世纪德国哲学家、教育家赫尔巴特是一位富有争议的人物。一方面，谁也不否认他在使教育心理学化、科学化方面作出的巨大贡献；另一方面，人们又为他在儿童管理方面所持的保守态度迷惑不解。根据其对教育中培养儿童兴趣的重视程度，似乎不该得出对儿童的管理要严而又严的主张。

作为哲学家的赫尔巴特，极力主张教育的心理学化，期望以此把教育学引向科学的轨道。他认为：“教育学作为一种科学，是以实践哲学和心理学为基础的。前者说明教育的目的，后者说明教育的途径、手段与障碍。”为达到教育的心理学化，赫尔巴特认为，必须把培养学习者的兴趣作为教学的出发点，培养儿童多方面的兴趣。为发展兴趣，教学中应提倡儿童的主动思维，他说：“仅仅引向死记硬背的学习，会使大部分儿童处于被动状态，因为只要这种学习继续下去，就会排

① 曾天山．外国教育管理发展史略．北京：教育科学出版社，1995：354．
② 夸美纽斯．大教学论．北京：人民教育出版社，1979：209．

斥儿童通常可能的其他思想。”[①]赫尔巴特不但这样想，也这样实践。据说他在大学的讲课和教学总是形象生动、妙趣横生，深受学生的欢迎。

然而，对学习兴趣的重视，却一点没有妨碍赫尔巴特在儿童管理方面所持的严厉态度。他认为，儿童的天性是盲动、顽劣、不驯服和不守秩序的，如果听其发展，就会扰乱成人的计划，近期会妨碍教育教学的顺利进行，远期则会发展为“反社会的东西”。为克服儿童这种不驯服的烈性，最好的办法是严加管束。赫尔巴特为此提出了种种管束的方法，如威胁、监督、命令、禁止、惩罚等。他甚至提出惩罚性威胁是管理儿童的第一手段，特别是当儿童年龄较小的时候，由于道德观念未树立，说教作用不大，要通过必要的暴力手段来维持学校的纪律。学校可以规定种种命令和禁律，设置惩罚簿，专门记载儿童的过失，以达到威胁的目的。学校还可以采取种种体罚手段，如站墙角、剥夺自由、停课、禁止吃食物、关禁闭、用戒尺打手等。与此同时，还要对儿童进行严格的道德规范训练，并使他们的学业负担饱满紧凑，没有空闲时间，免得他们“无事生非”。从赫尔巴特的这些主张可以看出，在儿童管理方面，他的想法相当保守。他一方面提倡发展儿童兴趣，主动学习；另一方面则对儿童左右不放心，要求学校严密监视，强制管束。矛盾的心理就这样不协调地掺杂在赫尔巴特的理论体系中，从而导致后人的种种议论和评价。

第三节　教育管理研究的推进

一、教育管理学的研究对象

教育管理学以各级、各类教育组织和机构的管理现象、管理过程和管理规律为研究对象。人类社会的教育组织和机构种类繁多，其中最普遍、最有代表性的是学校。所以学校管理是教育管理学研究的核心。教育管理学要研究学校组织的

① 赵祥麟. 外国教育家评传：第 2 卷. 上海：上海教育出版社，1992：99.

特性、学校的教育教学管理和后勤管理等问题。不过，我们不能从狭义的角度看待学校组织的管理。学校不是孤立存在的，作为社会上众多组织中的一种，其教育和管理过程要受到社会各方包括中央政府、地方政府、教育行政部门、社会团体、家长等的影响。此外，学校的管理也不是学校行政人员所能随意安排的，它要受到来自外界的各种因素的制约，如教育体制、教育政策、教育法律、教育经费投入等。这样，为更深刻、全面地理解学校管理现象，教育管理学就必须研究其他相关问题，如从中央到地方各级教育管理机构的设置、教育政策和法律的制定和实施、教育人员的资格和条件、教育经费的筹集和管理等等问题。总之，教育管理学以学校组织的管理为核心，并探讨与学校教育事业有关的种种教育管理现象和问题。

我国教育管理学界目前对这门学科的研究有两种不同观点。一种观点是要将教育管理学分成两个科目进行研究，即教育行政和学校管理，两者各有其研究对象。教育行政研究国家各级教育行政机关对教育事业的领导和管理，学校管理则专门研究学校内部的管理工作。这种看法实际上是把教育管理学架空了，不再将它看作一门单独的学科。另一种观点是把教育管理学作为一门单独学科看待，认为这门学科既研究政府的教育行政事务，也研究学校的行政管理事务，并把后者看作前者的一个部分。这种观点实际上是从广义的角度看待教育行政问题，将教育行政与教育管理等同看待。笔者倾向于后一种观点。笔者认为，一个国家的教育管理事业本是一个有机的整体，如何能将这一整体的各个部分截然分开？从现代系统论的角度看，这种两分法的研究是不可取的，因为这等于把学校组织及其管理作为一个封闭系统而不是一个社会开放系统来对待。实际上，在教育管理实践中，政府的教育行政活动同学校的工作是密不可分的，离开了学校教育，政府的教育行政事务就失去了对象和目标，这样还有什么存在的必要？一方面，政府的教育理念、教育政策和法令，不通过学校怎能贯彻和落实？另一方面，学校的管理也不可能游离于政府的教育方针、政策之外，学校的很多管理制度，实际上就是政府或社会的教育观念、教育思想的体现，而学校管理者就代表政府在学校这一特定组织中行使管理职能。本是密切联系、相互影响渗透的东西，硬要拆开来，怎能深刻揭示其特性和规律？所以，笔者认为，应将教育管理活动视为一个完整的过程，在这个过程中，既没有不涉及学校事务的单纯的教育行政，也没有可脱离教育行政的单纯的学校管理，教育行政过程就是从中央到地方，再到学校的各种教育行政管理事务的总和。而教育管理学就是要对这一过程的方方面面以及影响这一过程的种种因素进行全面分析研究，并以此为基础，深刻揭示教育管理活动的内在特性和规律。

二、教育管理学的研究范围

教育管理学的研究范围十分广泛且不易界定，导致这门学科的框架体系至今未完全定形。现在选 13 本教育管理著作，对其部分章名进行统计，以了解这门学科的大致框架，见表 2-1。

表 2-1　教育管理学研究范畴

章名或与之相当的章名	曾列专章讨论的著作数/本	占 13 本著作的百分比/(%)
教育管理总论	11	85
教育管理的历史	4	31
教育管理学的学科性质	5	38
组织理论的发展和教育管理	9	69
教育行政制度	6	46
教育组织机构	11	85
教育政策	7	54
教育的法律基础	11	85
教育规划	6	46
教育财政	10	80
教育评价与督导	6	46
教育管理效率研究	3	23
权变理论	2	15
领导理论	7	54
决策理论	6	46
动机与激励	3	23
人际关系和组织沟通	6	46
教育人事管理	11	85
教学管理	6	46
教师职业发展	4	31
学校教育制度	2	1 5
政府和教育	3	23

续表

章名或与之相当的章名	曾列专章讨论的著作数/本	占 13 本著作的百分比/(%)
学校即社会政治系统	5	38
学校组织及其管理	10	80
学校和社区	2	15
教育设备管理	2	15
社会教育行政	2	15
学校组织文化和组织气候	2	15
学校组织的变革和冲突	4	31
教育科研、统计和信息管理	4	31
其他	8	62

由上述统计可以看出，教育管理学研究最多的内容为教育管理总论、组织理论、教育组织机构、教育法律、教育财政、教育人事管理、学校组织及其管理，其次为教育行政制度、教育政策、教育规划、教育评价与督导、领导理论、决策理论、沟通理论、教学管理等。而所有这些内容，大致可分成学科概述、管理理论、组织和机构、政策和法律、人员管理、财务管理以及其他事务管理等板块。参考有关著作，并考虑到我国的实际，本书将这门学科的结构设计为四部分：第一篇，教育管理学总论：重点探讨教育管理活动的意义和特性、教育管理学的学科性质、教育实践和管理思想的演变、管理理论对教育管理的影响等问题；第二篇，教育管理体制和机构：剖析教育管理体制、教育行政机构、学校组织建设等问题；第三篇，教育政策和法律：分析教育政策和法律的制定、实施等问题；第四篇，教育人员和教育对象管理。

三、教育管理学的研究方法

关于教育管理学的研究方法，智者见智，仁者见仁，迄今没有一个理想的分类。不过一般而言，以下几种方法是值得推荐的。

（一）文献分析法

很多教育管理学著作把文献分析作为教育管理研究最基本的方法之一。的确，除了直接来自于实践的第一手材料外，许多研究必须通过文献的搜集、整理和分析来进行。例如，研究某教育管理制度的历史沿革，很难设想离开了文献资料能进行下去。这种方法就其形式渊源来讲，主要源自于历史的研究，后者以分析大量翔实的史料为基本研究手段。不过，现在人们所讲的文献研究，其研究内容不仅包括历史资料，更多的是指现实生活中的各种文献资料。文献调查法研究成本较低，能对研究者无法直接参与的事件进行研究。但这一方法有其不足，主要是对文献的准确性、可信度及代表性不易把握；有些资料因条件所限不易查询；有些原始资料与当事人的政治态度、个人偏好等个人因素夹杂在一起，而非客观中立的事件报道，因而要求研究者有较强的知识基础和判断能力。

（二）问卷调查法

问卷调查在教育管理研究过程中运用得非常普遍，特别是20世纪50年代行为科学兴起以后，这一方法被大量运用在分析各类教育管理问题上。直到今天，凡是定量的、实证性的教育管理研究，主要还是依靠这一方法。问卷调查方法一般的过程是：确定研究主题→编制问卷项目→选取样本→小范围预测→实施调查→统计调查资料→讨论分析→提出建议。只要问卷编制合理，样本选择科学，用问卷调查方法得到的结果一般来说比较客观、可靠。问卷调查的难度在于：设计有较强信度和效度的问卷不大容易，研究成本较高，所费时间较长，研究者须掌握一定统计学方面的知识等。

（三）访谈调查法

这是通过访问者与被访问者的对话来获得所需信息。这种方法在教育管理研究中有极高的价值，特别在有关教育政策和学校管理的研究方面。访谈调查有多种形式，一般来说，如果访谈问题事先设计得非常固定和严密，被访者只能在研究者所指定的选项中选择答案，则访谈较倾向于封闭、标准和结构式；如果被访者回答问题时的自由度较大，答题的标准没有规定，则访谈趋向于开放、探究和非结构式。访谈的对象，可以是单个人，也可以是一组人。访谈调查法的优点在于具有广泛的适应性，几乎任何研究课题都可以运用这种方法；通过这一方法还能了解到问卷调查法所难以反映的一些深层次问题。访谈调查的局限在于需花费较多时间，而且研究者的主观倾向较大，有时难免夹杂个人的主观偏见，影响了研究的客观性和公正性。

(四) 实验研究法

这一方法的特点是：第一，至少有一个变量，而且这个变量可以由研究者人为地加以控制和改变；第二，主要用于揭示变量之间的因果关系；第三，研究时通常要将有控制的事实和对象的情况与没有控制的事实和对象的情况进行比较；第四，实验过程要求有假设、验证，有较严格的操作规则，有科学的测量手段；第五，实验结果可以重复，即只要条件相同，任何人都可以重复这一实验。与其他研究方法相比，教育管理领域的实验研究难度较高，这可能与教育管理所涉及的因素复杂多变、难以控制且有高度的政策导向等因素有关。不过，并非没有这方面的成功例子，如 20 世纪 30 年代末美国管理心理学家莱温(K．Lewin)通过在学校进行的关于领导风格类型的研究，得出了不同的领导风格会对群体行为和团体效率产生不同影响的结论。该研究对战后的领导科学的发展产生了深远的影响。实验研究比较适合小范围且目标比较单一的情况，如学校的班级管理、师生间的互动关系等。

(五) 人种学研究法

这一方法是从人类学研究中演变而来的，它特别强调在自然状态下的观察、描述和定性判断，而不看重假设或坚实的理论基础，与我们平时所讲的自然观察法有点相似。如研究一所民办学校的教学和管理情况、一位中学校长的行政决策过程、一个地区的教育体制改革现状，都可以采用这种方法。用这种方法研究教育管理问题，最好是在所要了解的学校、地区住上一段时间，通过观察、面谈、参与活动等方式，对所了解的对象形成整体的认识，然后写出学术论文或著作。总的来看，人种学研究法在我国教育管理研究领域运用得不多。不过，近年来有些教育管理专业的研究生尝试运用这种方法撰写毕业论文，这是一个十分可喜的现象，反映了我国教育管理研究方法正在日趋丰富和完善。

（六）比较研究法

这是人们认识客观事物的一种重要方法，在教育管理研究中经常要用到。像教育政策、教育管理体制、教学管理形式等问题，很多人都喜欢进行比较研究。比较法的形式很多，有纵向比较、横向比较，有校与校的比较、地区甚至国家与国家的比较。就其意义而言，比较研究能扩大研究者的视野，加深对所要研究问题的认识；跨国家、跨文化之间的比较研究，还能增进对未来教育管理发展趋势的认识。比较研究也有其限制，如研究者比较容易看到一些表面现象，对深层次因素把握不住；由于对不同国家或地区的政治经济制度及人文传统了解有限，很多所谓的比较研究充其量不过是“介绍”，离真正的比较研究相差甚远；研究的成果也较难推广等。

（七）行动研究法

行动研究从其性质上讲属于应用研究，因为其研究指向非常明确，就是帮助基层人员解决实际问题。这一方法的特点是它的当下实用性，它不关心研究成果的普遍意义，故对研究条件的要求不那么苛刻，理论基础也并不要求非常成熟。行动研究通常规模较小，大多以集体合作形式进行，在研究中特别看重对原计划的及时评估和修正。在教育管理领域，行动研究法在学校资源管理、课程管理、德育管理、学校效能提高等方面都可以被采纳。这种方法如运用得好，不但能解决实际问题，而且能促进理论与实际的结合，同时可以提高教师的专业素养和研究能力。所以，有的学者认为，这是一种极佳的训练教师科研能力的方法。

四、教育管理研究的未来发展

进入21世纪，教育管理学将朝着什么方向发展？虽然我们对此很难作出精确的预测，但从目前国内外的研究状况来看，至少有以下几点可以提出来供参考。

（一）国际研究与本土研究并重

教育管理学的研究，本源自于个体的和局部的经验。历史上的教育管理思想很少具有跨区域推广的价值。然而，今天的教育管理学研究正越来越呈现出国际化的特点，这种国际化至少可以从研究问题的相似性这一点上反映出来。例如，翻开不同国家的教育管理学著作，你都可以看到研究者在讨论相似的问题，如管理体制问题、学校效能问题、校长领导问题、教师的动机和职业发展问题、依法治教问题、校园文化问题等。此外，在讨论这些问题时，所引证的理论也表现出惊人的一致，比如管理原则、行为科学理论、系统论、人际关系说等。造成这种现象的原因，主要是随着公共教育制度在各国普遍建立，不同地区的学校教育形式越来越接近，自然面临的管理问题也越来越相仿。其次一个原因是现代工商管理思想在各行各业的普及和推广，这为解决教育管理问题提供了理论依据。在研究呈现国际化倾向的同时，教育管理本土研究的传统也未丢失，因为教育管理学归根结底是一门应用型学科，而应用就离不开对局部的区域性条件的探索。如果说理论是普遍性的，那么其实践条件和由此得出的实施结论就完全可能是区域性的。例如，教育管理体制问题各国都在探讨，分析时也必然会涉及集权与分权关系等理论问题，然而将这一问题用于实践所得出的结论，却不可避免地会带上鲜明的本土色彩。如我国的校长负责制的内涵，对其他国家就不一定适用。这种国际研究和本土研究并重的特点，在联合国教科文组织的几份教育报告，如《学会生存世界教育的今天和明天》《从现在到 2000 年教育内容发展的全球展望》《教育的使命——面向 21 世纪的教育宣言和行动纲领》中，得到了最完美的体现。这些报告蕴含了丰富的教育管理思想。毫无疑问，今后的教育管理学将继续体现这种国际研究与本土研究并重的特性。从另一个角度看，这其实也是一门学科日益走向成熟的一个标志。

（二）理论研究与应用研究结合

近年来，教育管理学研究的理论倾向在不断加强，围绕教育组织特性、教育政策、教育领导、教育决策、学校人际沟通和教师激励等方面的研究现在已达到相当的深度。不过，现在的理论研究并非过去那种规范式说教或经验式议论，而是以大量的实证调查为基础，研究中广泛运用了定量和定性的技术。从较有影响的国际教育管理杂志，如《教育行政季刊》《教育行政摘编》《国际教育行政研究》

等所刊登的论文来看，绝大多数属于实证性的研究。显然，以实证技术为主并由此推演出有关理论的研究方式，将在今后教育管理学的学科发展中持续很长时间。这也从一个侧面体现了这门学科具有很强的应用性的特性。

(三) 信息技术与教育管理学研究结合

进入20世纪70年代，一个以计算机和信息技术为核心的新技术革命在世界广泛兴起，它也对教育管理活动产生了巨大影响。在实践上，它使原来的教学内容、教学组织形式及学校管理实践发生深刻变化，与此相适应，在学科理论建设方面，它丰富了教育管理学的研究内容。例如，国内外出版的教育管理著作，很多已开始论述教育信息管理或计算机辅助教育管理实践等问题，一些以“校长学”命名的教育管理著作，更是用较多篇幅论述这类问题。如美国1990年出版的一本《校长学》著作，有一章专门介绍计算机如何协助校长的工作，文中所涉内容包括计算机在校长工作中的意义、学校计算机的选购、教学软件的选择、文档建立和学校管理、校园联网、教育财务信息处理、教育统计信息处理等。可以预见，随着信息技术的大量推广运用，未来的教育管理学在这一领域的研究会越来越多。

(四) 学科的分化趋势

一门学科发展到一定程度，必然会出现分化，教育管理学也不例外。从国外教育管理学的研究来看，近二三十年来出现了分化趋势，一些本属于教育管理学研究范围的内容，随着研究的深入，已经或正在分化为独立的学科，这其中发展较快的分支学科有教育法学、教育财政学、教育组织行为学、教育政策学、教育规划学、教育评价学等。在国内，除了一些人所主张的可分化为教育行政学和学校管理学两门学科外(虽然这种分化是否科学有商榷余地)，近年来在一些师范院校又陆续开设了中外教育管理史、高等教育管理学、比较教育管理等课程。此外，教育法学、教育财政、教育评价等领域的研究也很活跃。教育管理学的这种分化迹象，对这一学科的发展是有利的。它一方面进一步加强了教育管理学作为一门独立学科的学术地位，另一方面使这门学科逐渐演变为一个学科群，从而大大拓展了其研究领域，加深了人们对教育管理现象的认识。

第三章　教育组织管理理论

第一节　教育组织管理概述

一、组织及其科学认识

组织是人类社会生活中最普遍、最常见的社会现象。每一项社会活动几乎都要以某种组织为其载体，并通过组织的形式表现出来。人们正是通过各种组织，把人力、物力、财力、信息、时间等要素组合配置、利用开发，从而达到特定的目标。学校无疑也是一种组织。作为一种实体的组织，它是为实现特定教育目标、根据一定管理原则而构建起来的一个体系与机构。作为一种活动过程的组织，它又通过其特有的行为方式，保证传授知识、培养新人这一过程的完善并具有较高效率。

（一）组织的含义

什么是组织？静态地看，组织就是社会集团，是一个集团内各种关系系统的总和。组织将与该组织的生长体有密切关联的人、财、物、时间、信息、环境等因素有机地联系起来，从而形成一个开放的社会技术与社会信息系统。以学校为例，学校的教师与学生、教学设备和教学手段、学校环境和学校氛围等等，所有这些构成了一定的关系系统，形成了较为固定的模式，如年级组、教研组、班级、团队等。从动态角度来分析，组织就是人与人之间的行为构成模式，是人为了完成共同的目标而彼此分工合作、相互影响的活动系统。也就是说，组织是一个人际关系的网络，它不仅限定了人与人之间的权责关系，同时也要求成员根据自己特定的地位去扮演一定角色，形成一定等级体系，并在这一体系中以自己特定的行为方式去从事某些活动。从生态学角度分析，组织又是一个有着生命活力的生长体，它随着历史和社会环境的演变而不断进行自动调整，以适应社会环境的变化。总之，组织不是人与物或者人与人的简单集合，而是一个复杂的、永远处于活动状态、又不断在自我调整和自我发展的综合系统。

(二) 组织的功能

所谓组织的功能，就是组织所具有的功效以及实现这些功效的能力。组织的功能具体表现在以下几方面。

(1) 实现组织机构的目标。任何组织都有其特定目标，组织就是通过共同的目标，才把本来互不相干的人集中在一起的。著名的管理学家巴纳德曾经认为，组织有三大要素，即协作的意愿、共同的目标以及信息联系。[①]可以说组织的全部努力就是为了实现组织的目标。如果组织不具备这一功能，它就会衰亡、败落，最终停止它的生命。

(2) 满足其成员物质和精神的需要。组织机构一方面要使组织中的每个成员都认识到自己的工作对实现组织目标的重要作用，从而鼓励和促进成员按时、按质、按量完成自己的任务，另一方面又要满足每个成员的物质和精神的合理需要，使他们在付出自己的才智和努力之后得到相应的报酬。不能满足成员的需要，组织也就无法确保成员对组织的信任和忠诚。

(3) 确定每个成员的位置。组织通过分工、建立权力等级链等手段，使组织中每个成员清楚地认识自己在组织中所处的地位、职责、权利和义务。只有清楚地认识自己在组织中的位置，组织成员才能高效而又协调地完成组织的任务。

(4) 及时调整和完善自身的结构。有效的组织总是根据所处环境的变化及自身的发展需要，及时地调整机构设置和人员关系的，没有自我调整的功能，组织就会被时代所淘汰。

我们说组织具有这些功能，并不是说一个组织不需要努力就会自动具备这些

---

① 周欣，陈炎伟，张旻冶，等．世界现代管理学家管理法则全书．北京：中国社会出版社，1999：158．

功能。要使组织的功能发挥到最大限度，还必须通过自身的努力，特别是在机构设置、人员安排、资源分配、信息掌握等方面下功夫。就像管理学家孔茨(H. Koonth)所说："组织机构的设计应当职责分明，使每人都知道应该做些什么，谁对什么成果负责；应能排除由于工作分配的混乱和多变所造成的故障；并能提供反映和支持组织目标的决策沟通网络。"依靠这些努力，组织的功能发挥才有了保障。

(三) 组织的分类

为了认识组织的特性，管理学家们常常将组织进行分类。以下是几种较有影响的分类理论。

(1) 按照社会功能所做的划分。每一个组织都有其特定的目标，而这种目标又是建立在满足社会的某种需要的基础上的，由于社会需要的不同，因而就出现了各种社会组织。根据各种组织的不同社会功能，就能将社会上形形色色的组织分成四大类：以解决生存和供应问题为目标的生产经营性组织；以解决社会适应和平衡问题为目标的政治团体或政府机构组织；以解决社会统一问题为目标的法院、政党等利益团体；以维护和发展社会文化形态为目标的文化组织，如学校、教会、博物馆等。

(2) 按照谁是受益者来区分。任何一种组织的存在，必有其受益者，有的组织的受益者为全体民众，有的为某种行业的民众，有的为具有某种条件的人员。从区分谁是受益者的角度，也可以将各种组织分为四大类：公益组织，其受益者为全体民众，如政府的行政组织、军事组织、消防部门、警察机构等；企业组织，其受益者为企业的所有者或股东，如各种公司、银行、商店等；服务组织，其受益者为与组织有直接关系的那部分公众，即通常所说的服务对象，如学校、医院、社会福利院等；互利组织，其受益者为组织内的成员，如工会、学会、俱乐部等。

(3) 按照对组织的顺从程度来划分。根据组织成员对组织的顺从程度，可以将组织分成三类：强制性的组织，即通过强制性的权力迫使成员服从的组织，如集中营、监狱、精神病院等；功利性的组织，即组织主要依靠报酬、奖励等手段来赢得组织成员的顺从，如各种企业组织、劳工组织、商业组织等；规范性的组织，即主要通过各种规范手段，如提倡荣誉、声望、理想、职业道德等来赢得组织成员的顺从，像学校、医院、司法部门、教会团体等皆属于这类组织。

(4) 按照能否自由参加所做的区分。社会的各种组织中，有的成员能自由参加或脱离，有的不能自由参加或脱离，有的不能自由参加但可自由脱离。根据这一标准，可将组织分为三类：自主的组织，即人人可自由参加及自由脱离的组织，如协会、学会、商会等；半自主的组织，即人员参加需一定的资格条件并经由遴选程序，但对脱离组织却多无限制，在担任成员期间，成员与组织之间各自负有明确的权利和义务，如企业组织、政府组织等；非自主的组织，即对参加或脱离组织都有严格限制，而无自由选择的机会，如精神病院、监狱等组织。

从管理学家关于组织分类的理论可以看到，在他们眼里，学校这种组织总是表现出与其他组织不同的一些特性。首先，学校教育组织不是生产和盈利性组织，故其基本作用不是追求直接的经济效益，而是要继承和发展人类的文化遗产；其次，学校从根本上说是一种服务性组织，服务对象就是学生，因此学校必须处处重视学生的利益，杜绝一切有害于学生利益的行为；最后，学校的组织和管理主要依靠规范化的手段，学校将一定社会的规范、信仰、道德习俗等灌输给学生，要求学生遵循和发扬。所以，用过于强制性的教育手段，或是用功利主义的态度对待学校工作，都是与学校组织的基本特性格格不入的。

(四) 组织的管理幅度

组织的管理幅度主要是指组织结构的层次及管辖范围。通过对这一问题的研究，可以使组织更合理地设计管理层次，从而达到提高管理效率的目的。长期以来，管理学家一直在研究组织中合理的管辖范围问题，人们很想知道，一个人最多能管几个人，一个组织究竟层次多一些，形成一种垂直式的组织结构好，还是层次少一些，形成一种扁平式的组织结构好。我们之所以要进行组织工作，理由是为了使人们能有效地进行合作，而与此同时，我们却发现由于管理幅度的限制而形成了组织机构中的等级层次。换句话说，由于一个主管人员所能管理的下属人数有限(尽管这个限度因情况不同而异)，因而出现了组织层次。

对一个组织来说，在通常的情况下，管辖人数越少，自然管理层次就越多，管辖人数越多，管理层次就越少。前者构成垂直型的管理架构，后者构成扁平型的管理架构。管理学家们经过大量的研究发现，一个组织应有适当的管理幅度，通常认为管理 7 个人较为合适，因为这是一个上司所能保持彼此间有效沟通的最大数目。较小的管理幅度意味着主管能更有效地控制部属，但如此则需要雇用较多的管理人员，花费较高的费用。较大的管理幅度将可为组织省下部属的管理人事费用，但如此亦须冒较大的风险，因为多数员工的工作未受到充分的监督，且管理人员无法确知什么人正在进行什么工作。显然，对任何一个领导者来说，即使能力再强，其管理的幅度总是有限的，所以适当的组织分层对任何组织都是必不可少的，组织就是通过适当的分层实现其有效管理的。

虽然管理幅度有一定的范围，但组织的性质和任务不同，管理的幅度也会有所不同。如在科研室或实验室中，就需要较小的管理幅度，如此管理人员才能有效地和部属讨论问题。而在大规模生产且工作专业化的工厂中，如果每一位员工都从事相似的工作，而且他们的工作结果都很容易加以衡量，则一位管理人员就可有效地管理几十位以上的员工。一般而言，凡工作性质明确、简单、固定并且较易衡量的，管理幅度可较大；反之，如果工作要求较不明确，部属有较多自由处理权，工作的责任也较大，其结果也较难评价的，管理幅度可适当小些。拿学校系统来说，教师的工作性质与工厂企业有很大不同，专业性较强，教师对教学往往有较多的自主权，教学成效的评价也非易事，故在一般的学校里，管理幅度不宜过大。一位校长下面设 2 到 3 位副手较为合适，如果学校规模较大(如大学)，则可安排 3 到 5 位副校长。在中小学的年级组，教师也不宜过多，过多了会影响教学管理的效果。

(五) 正式组织与非正式组织

管理学家常常喜欢将正式组织与非正式组织区分开来，以说明组织的内在特性。所谓正式组织，就是根据组织编制、章程或其他正式制度、规范而建立起来的系统，它是人们长时间置身其中、作用明显而且直接的社会群体，也是实现组织目标的重要载体。在正式组织的成员之间，有明确的上下级关系，有正式的公事往来，还有明确的协作义务等。教育行政管理机构、各级各类学校、各种各样的社会教育机构等，都是教育系统中的正式组织。正式组织本身不存在任何固有的僵化的东西，相反，如果善于组织，它就会提供一种有利的环境，从而使个人当前和未来的努力都朝着有利于实现组织目标的方向发展。

所谓非正式组织，就是在正式组织内部，由于部分成员的性格、气质、爱好、兴趣等较为接近，因而在相互交往的过程中结下比一般成员更密切的朋友关系，并形成特有的小团体，且这样的小团体有自己的特有的权威和领袖，甚至有自身不成文的规范或章程。非正式组织虽然没有定员编制、明文规定，甚至没有明确的组织边界和固定的组织形式，但对其成员的思想和行为却有着重要的影响。古典管理学家们常常对这样的非正式组织表示怀疑，认为它们会对正式组织目标完成及日常运转带来损害。人际关系理论提出后，人们对非正式组织的作用和功能有了新的认识。现在管理学界普遍的看法是，正式组织和非正式组织是相互影响、相互关联的，一个正式的组织不可能完全排斥非正式组织的存在，关键是如何处理和协调的问题。只要处理得当，协调得好，非正式组织的存在不但不会对正式组织带来损害，相反能有助于正式组织目标的实现。

（六）组织的基本形式

通常，人们把对组织各要素经过排列组合后形成的具有典型意义的、相对稳定的结构形式称为组织形式。组织形式的不同，在一定程度上体现了组织性质、目标和运作方式的不同。以下是几种常见的组织形式，它们对教育行政机关以及学校组织的改革和发展可以提供某种借鉴意义。

1．直线式组织

直线式组织，就是按照管理的纵向层次进行结构排列，由低到高，事权逐级集中，构成一个垂直分叉的金字塔形态线。图 3-1 中，①代表组织的首长，②代表单位主管，③代表经办人员。直线式组织结构的优点是指挥统一、权责明确、便于控制、利于监督，缺点是缺乏横向协调、应变能力较差。

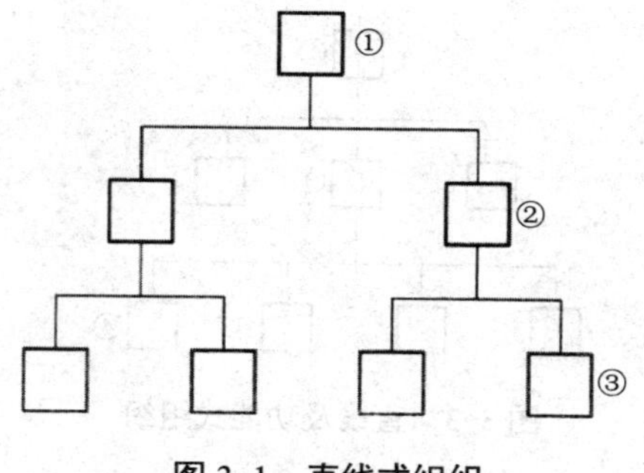

图 3-1　直线式组织

2．功能式组织

功能式组织就是按照管理的专门职能进行横向结构排列。图 3-2 中，①代表组织首长，②代表专家，③代表经办人员。其特点是在领导层下设立专门的职能机构，具体负责某些专门性工作，并有权在本职业务范围内向下级下达指令，下级必须执行。功能式组织的优点是分工明确，对各项业务工作能进行直接和具体的管理，缺点是容易产生多头领导，政出多门，不利于集中统一指挥。

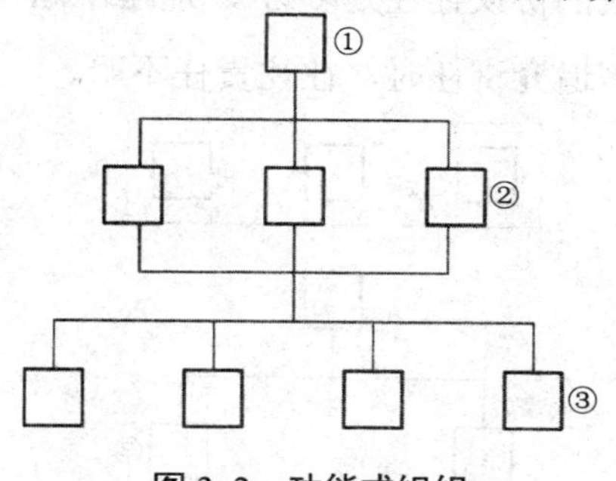

图 3-2　功能式组织

3．直线及功能式组织

这是直线式与功能式的结合。图 3-3 中，①代表组织首长，②代表专业幕僚或行政管理单位，③代表直线或业务单位主管，④代表直线或业务单位经办人员。这一形式具有行动迅速和专业分工的优点，专业幕僚及行政管理单位的意见和建议，必须经过首长或单位主管而下达，以免违背统一指挥的要求。缺点是组织结构较为复杂，容易在专业幕僚与业务主管单位之间引起相互抱怨和不合作现象。

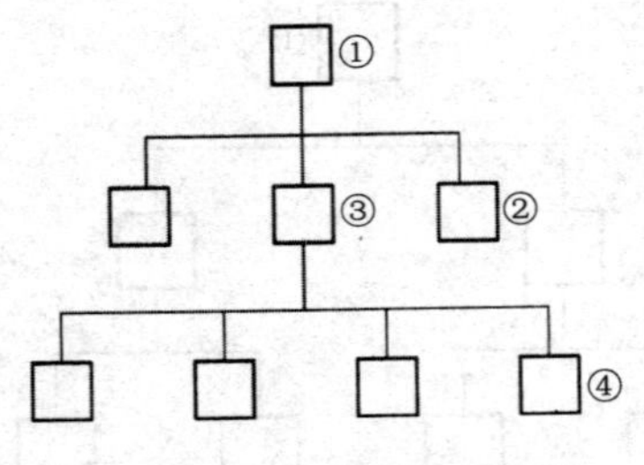

图 3-3　直线及功能式组织

4. 委员会式组织

这种组织形式的特点是决议与执行分开。决议部分的组织由若干委员会组成，执行部分的组织则跟直线式组织相似。一经决议后，即由有关负责人代表委员会去全权执行。图 3-4 中，①代表委员会，②代表执行委员会决议的负责人，③代表单位主管，④代表经办人员。这一形式的优点是能集合多数人的智慧，对问题作出明智的判断和决定，同时也能避免权力过于集中现象；缺点是不容易达成一致协议，而且由于所达成的协议往往是多方妥协的结果，所以不一定是最好的决议，当决议发生偏差而需追究责任时，往往责任不明。

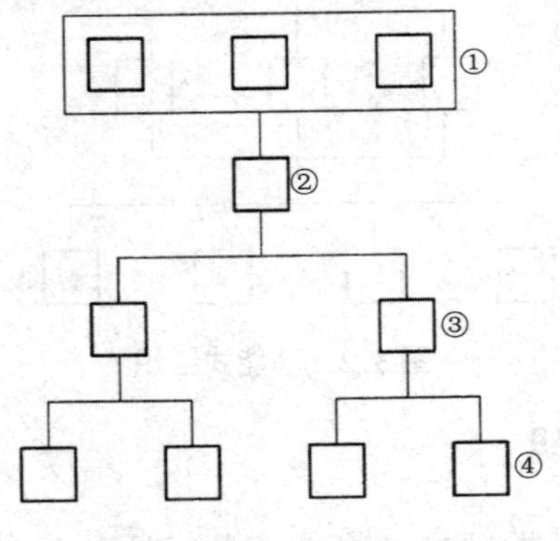

图 3-4　委员会式组织

5. 扁平式组织

这种组织形式的特点是结构扁平，组织内尽量扩大管理幅度以减少管理层次，鼓励幕僚人员与业务主管单位及其所属经办人员互相沟通，交换意见。图 3-5 中，①代表组织首长，②代表幕僚、专业技术人员等，③代表业务单位主管，④代表经办人员。这种形式的优点是维护了基层工作人员的自尊心，增加了专业技术人员的成就感，缺点是管理幅度易超过应有的限度以致失去有效的控制，幕僚、专业人员的设置有时会趋于浮滥，甚至产生冗员现象。

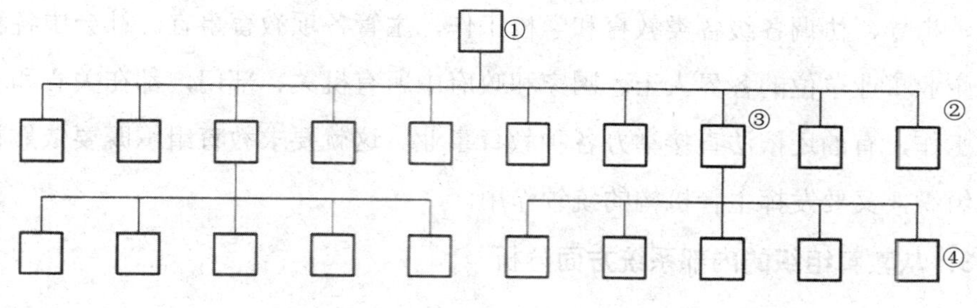

图 3-5 扁平式组织

除以上组织形式外，管理学家还总结出其他一些组织形式，如扩大工作范围的组织形式、便于意见沟通的组织形式、利于员工发展的组织形式、权变的组织形式等等。虽然这些组织形式不一定都适合教育组织的需要，但对于教育行政部门的改革，对于学校组织机构的设计，有时也能起到参考作用。

二、教育组织及其科学认识

（一）教育组织的性质

如何全面把握教育组织的性质、职责功能，对教育组织改革及其成功与否关系极大。笔者认为，教育组织的性质可从以下几方面来分析。

1. 从教育组织与国家行政组织的关系方面分析

教育组织是国家行政组织的组成部分，是国家行政组织系统中的分系统。在各级行政组织中，往往都设有相应的教育组织。没有教育组织，国家行政组织系统就是不完整的。可见，教育组织具有国家性。它代表国家行使对教育的行政管理权。作为国家行政活动的一部分，它的设置和活动，自然必须服从于国家的整体利益的需要，符合整体的性质和方向，遵循国家的法律、教育方针和政策的要求。

2. 从教育组织的功能方面分析

教育组织是国家领导和管理教育事业的专门职能机构。在国家行政组织中，根据功能分化的原则，教育组织肩负着特定的使命，即规划全国和各地区的教育事业，指导、协调各级各类教育和学校工作，主管各项教育事宜。社会中各种团体，企业事业单位的各界人士，国家和政府中所有机关、部门，都在关心和支持教育工作，有的还依法直接举办各种教育事业。这就要求教育组织既要依靠社会其他组织，又要发挥主管机构的统领作用。

3. 从教育组织的内部系统方面分析

教育组织是由职权分明的、纵向和横向诸多教育主管机构组成的网络体系。在国家行政组织系统中，教育组织作为一个分系统，又自成体系，形成内部的机构网络。从纵向上看，有中央和地方各级教育组织，按规定的权限管理各自区划范围内的教育行政事宜；在各级教育组织中，又根据工作需要，自领导层起，划分若干层级，构成内部具有隶属关系的机构系列，共同完成该级教育组织的任务。从横向上看，在一级教育组织中，按一定标准进行水平方向的分化，设有职责分明、相互关联和相互协作的若干工作部门，每个部门承担该级教育组织总任务中的一项或几项具体任务，在该级领导层的主管下进行各自的教育行政职能活动。

4. 从教育组织的活动方面分析

教育组织既是教育行政管理活动的主体，又是客体。教育组织同其他各类组织一样，是由于开展活动的需要而设置的。教育行政管理活动是由专门的机构筹划和发动的。在具体进行过程中，活动离不开人，而人是机构的成员，是代表机构行事的。因此，作为专门机构的教育组织自然是活动的主体。任何一个层级的教育组织在开展活动时都要处理各种行政事务，要管人、理财、用物，这一切又都得通过下一级的组织去进行。教育组织系统的活动终点是各级各类学校，而学校也是一种组织。因此，地方各级教育组织和学校都是活动的客体。

(二) 教育组织设置的原则

教育组织的设置，与其他组织相似，一般来说都要遵循一定的原则，以下分别说明其中的若干原则。

1．依法组建和按需设立原则

教育组织是国家行政组织的组成部分，不是任何个人或机构都有权设置的。随意组建，不可能具有法定的行政权，也就没有权威性。除了要依法组建外，还要做到按需设立，即根据工作需要设立相应的人和机构，以实现“人(机构)-事”的协调和平衡。当然，对“适应工作需要”的理解不当，也会造成机构臃肿的局面。比如，事有大小之分，工作有轻重、缓急之别，若不加区别地一一设立对应机构，或者凡出现一项新的任务，不问原有机构是否能够和应该承担，就设立相应的新机构，则必将导致机构膨胀，人浮于事。目前，一些地区的教育机构人员臃肿，机构庞杂，实际上就是没有正确理解按需设立原则的结果。

2．完整统一和合理分权原则

设置教育组织，实质上就是形成某种完整的教育管理网络结构。从纵向上说，这就意味着从中央到地方均得设置相应的教育组织，这些机构不但接受上一级教育管理部门的领导，还接受同级人民政府的领导。从横向上说，一级教育组织中，应设置配套齐全的各种内部职能机构，以领导机关和执行机关为主轴，配以监督、咨询(包括信息、参谋)和辅助机关，彼此间形成相互协调的关系。除了机构纵向和横向的完整性外，教育组织系统也是一个统一的权力体系。在任何国家中，对全国教育的行政管理权，都是由教育组织系统中各种机构共同行使的。从一定意义上说，设置教育组织系统中的各种机构，实际上也是一个权力划分问题，权力划分越合理，机构的整体功能就越能得到有效发挥。

3．精简机构和事权对应原则

在教育组织中设立各种职能机构，既有数量问题，更有质量问题。精简的要求包含两个方面：一是不设不必要的机构，简化层次，减少、调整已设的多余机构和人员；二是保留高效能的机构，增设、扩大必要的机构和人员。在事权对应方面，为使教育的事和权对应，首先要在设置机构时通过合法手续规定其职能范围，即明确该教育机构是干什么的，它须发挥何种功能和作用，如何才能使之“在其位，谋其政”。在一般情况下，一类工作，一项事务，宜由一个教育机构承担，而不应该归属两个或更多的教育机构主管。其次，当工作范围明确之后，要赋予相应的行政管理权。这就是说，要做到有职有权，职权相称。当然，授权大小要适度。一旦授权后，机构和人员要正确用权，既不能拒绝行政，也不能有越权和侵权行为。再次，职权相称又同权责一致有连锁关系。任何教育机构和人员不但要有职有权，也要承担相应的责任。有职无权者，无法尽其职；有职有权但不承担相应责任者，则会出现在位不谋政的流弊，甚至产生滥用权力、以权谋私的现象。

4．适应变革和自我完善原则

教育组织和组织系统的模式不是固定不变的，而是每过一段时间需要变化和革新的，这是社会和时代发展的需要。不能适应改革的教育组织，不但自身不能得到发展，反而会影响整个教育事业的发展。当然，也决不能由此得出这样的结论：似乎机构只存在于短暂的时限之内，反正要变动，组建时可以不必精心设计。其实，机构的变动性并不排斥机构的稳定性，只是表明这种稳定性是相对的。设置的教育组织机构如果没有相对的稳定性，教育组织的完整系统也就不复存在。教育事业是一项涉及千秋万代的事业，由于教育工作具有较长的周期和复杂性的特点，因此，如果没有一种相对稳定的机构及组织系统去实施领导和管理，就会产生混乱局面。除了要适应变革外，教育组织也要谋求自身的完善和发展。变革本身不是目的，变革只是一种手段，目的是要通过变革促进教育管理机构的日趋完善。光有变革而无完善，那么变革就失去了意义。近年来，我国的教育行政管理机构变革较多，如近两年的教育组织精简，教育管理权的下放，目的都是为了完善教育管理机构本身，使之能适应飞速发展的教育事业的需要。所以，变革是为了完善，而完善又离不开变革，这就是变革与完善之间的辩证关系。

（三）教育组织的管理及其意义

教育组织的管理是指教育组织内部的事务管理，这种管理有广义和狭义两种理解。从广义上说，教育组织管理是指遵循一定的管理原则，采用科学的管理方法，合理地规划、协调和运用组织内部的人员、经费和物材，实现对教育事业进行有效管理的目的。从狭义上说，教育组织管理是指各级教育组织中行政办公室职能范围的各项业务工作管理，包括文书管理、档案管理、人事管理、财务管理等。加强对教育组织的管理，意义有三：第一，提高教育行政领导的决策水平。有效的管理，能使决策者掌握更多更全面的信息资料，了解实情，并为决策提供客观依据，从而最终提高决策水平。第二，提高教育行政活动的效率。提高效率是教育行政的目的之一，在机关工作中，容易出现办事拖拉，相互推诿的现象，导致人们对行政行为的厌恶。通过有效的管理，就能最大限度地减少这种官僚作风，提高教育行政活动的效率。第三，提高为基层学校教育服务的质量。教育组织的工作对基层学校来说，不仅仅是一种领导行为，更重要的是一种服务行为。一些教育领导者只看到教育组织的领导作用，却忽视了其服务作用，导致在从事行政行为时高高在上，指手画脚，而对下面学校遇到的实际问题不闻不问，漠然处之。为改变这一局面，也需要对教育组织的工作加强管理。

（四）教育组织的改革策略

要加大机构整合力度，探索实行职能有机统一的大部门体制，健全部门间协调配合机制。由此，中国将掀起新一轮政府管理体制的改革浪潮。改革开放以来，中国分别在 1982 年、1988 年、1993 年、1998 年和 2003 年进行了五次大的政府机构改革。教育组织是各级政府管理部门中的一个重要组成部分，自然属改革之列。如何正确地认识教育组织的改革，我们可从以下三方面来考虑改革策略。

(1) 必须根据现时代教育改革的需要来转变教育组织的职能，精简有关的机构。如：机构设置如何体现对中等及中等以下教育实行分级办学、分级管理的原则？如何有利于提高地方政府的办学积极性？如何进一步促进中小学的校长负责制？如何有利于对高校管理的自主权下放？等等。教育机构改革的重要前提是管理职能转换，该下放的坚决下放，不该管的坚决不去管，加强立法、调控、评估、服务等宏观性管理手段。只有这样考虑，才可能真正做到精简机构、精简人员，否则不但不可能做到实质性的精简，反而会越精简机构越庞杂。

(2) 教育组织要根据学校工作的整体性来设置。现行的教育组织，在职能部门的设置上，大都为对应学校的工作而设，即设立相应的人事、教学、课程、师资、总务后勤等。殊不知，这样做难免要出现政出多门、多头领导的局面。而学校的各项工作和教育活动是一个统一的有机整体，对学校各项工作和教育活动的行政管理，必须从其所属的不同层次的教育特点出发来统筹考虑。解决的办法，一是在教育机构中最好将有关职能部门适当综合统筹；二是坚决落实校长负责制，把有关的事权放给学校。管得过多，统得过死。对基层学校左右不放心，总想管头管脚，对于这种思想和管理方式一定要扭转，否则教育组织改革的目标就永远难以实现。

(3) 教育组织应运用市场调节的手段，对教育资源包括人力资源、物财资源等进行适当调节，譬如可适当借用市场营销手段来调控教学仪器、教学设备、校舍、校产等资源；用公开招标方式来调控学校后勤、科研项目等工作；用市场拨款方式对教学、课程、校办产业等事项进行调配等等。总之，管理方式和手段也应力求创新，为教育组织的改革打开新的思路。

第二节　教育组织理论

一、古典组织理论

古典组织理论是在 20 世纪初，资本主义企业有了一定的发展，积累了初步管理经验的基础上产生的。具有代表性的有泰勒的科学管理的组织理论、法约尔的古典组织理论和韦伯的行政组织理论。

美国工程师泰勒于 1911 年出版了《科学管理原理》，创立了科学管理理论和组织理论。着重在企业的操作层探求提高工人劳动生产效率，针对管理组织提出了工时定额、标准化操作方法、超额奖励工资制，提出计划制订工作同执行工作分开，实行计划室与职能等级制。

法国的亨利·法约尔在 1916 年出版的《工业管理与一般管理》一书中，将管理行为描述成一种与会计、财务、生产、流通以及其他各种典型的商业智能截然不同的活动。在该书中，管理职能被概括为5个主要的方面：计划、组织、指挥、协调以及控制。法约尔认为管理不仅仅普遍存在于企业，在政府以及家庭中也是一种比较常见的活动，因此，他提出了管理的14条管理原则，这些原则可以应用于所有的组织环境，并且可以在学校中教授。

德国社会学家马克斯·韦伯在1910年创立了行政组织理论。这是一种冲破封建关系束缚，提高企业组织生产效率的体制。它的基础是理性——法律权力。行政组织有如下特点：有明确的职权制度；专业化强；规章制度明确；不受个人情感因素的影响；职工要合理选择和提升。

泰勒的科学管理理论、法约尔的古典组织理论以及韦伯的行政组织理论，是第一次比较系统研究组织问题的科学理论，它们同属于古典的管理理论，其主要的贡献在于第一次采用科学的方法，将现实生产中的组织问题科学化、系统化和理论化。但是，这一模式提倡效率至上，无视个人的创造性需求，甚至不惜牺牲个人的目标以求组织整体目标的实现，在决策过程中过分依赖严格等级关系，甚至其信息传递的方式也是层层传递，速度较慢且信息容易失真，在快速变化的市场中，这种模式是难以长期维持下去的，会直接造成组织与个人目标的冲突。总而言之，这是一种比较机械的组织模式，适用于组织运行环境相对稳定的情况。

二、新古典组织理论

新古典组织理论主要代表人物为斯科特(W.G.Scott)。在加德纳(B.B.Gardner)和穆尔(D.G.Moore)的《工业人际关系》以及戴维斯(Davis)的《工商业中的人的关系》等著作中都反映了新古典组织理论的观点。我们可以从以下两方面认识新古典组织理论。

（一）对古典组织理论的创新与发展

在专业化和劳动分工方面，古典组织理论提倡分工和专业化，认为这具有操作简单、易于掌握、有利于实现机械化、培训费低廉等优点。但是分工和专业化的弊病随着专业化的发展也日益暴露，早期工业心理学就曾对专业化引起的疲劳和单调感进行过研究。以后新古典组织理论受到霍桑实验的启示，发展出有关激励、协调和新型领导的一系列理论和观点，补充和发展了古典组织理论。

古典组织理论在组织结构方面，主张组织结构内部的权责划分清晰，职权关系明确，强调比较明确的逻辑关系。这一切无疑具有重大优点，但实践过程中也出现了不少问题。新古典组织理论在继承古典管理理论一些基本原则与方法经验的基础上，对组织结构中的不同职能之间、直线与参谋之间的错综复杂的关系进行研究，并且提出了一系列的消除冲突的方法以及措施，例如参与管理、初级董事会、联合委员会、承认人的尊严以及良好的人际交往等，试图在古典组织理论的组织结构中形成一种和谐协调的关系。

在管理幅度和组织类型方面，新古典组织理论反对“精确地减少幅度”和“单一地应用 1∶6 比例”的主张，认为管理幅度的确定要受到管理能力、监督职能、人的品格和交往的有效程度等许多因素的制约。与此相联系，组织的管理幅度大小，以及组织的类型都是不确定的，要视具体情况而定。

（二）对非正式组织的研究

与古典的组织理论不同的是，新古典组织理论比较系统地对组织内存在的非正式群体进行研究。这是在正式的组织团队中见不到的自然联结方式。非正式组织是一种基于地理上的相邻关系，或者职业上的相似关系，以及利益或者兴趣爱好的相近而自发形成的组织。那种为了特殊问题而自愿组合起来的非正式组织则比较短暂，一旦问题解决了，非正式组织也就随之解体。

将人作为研究的主体，重视组织中人的作用，是新古典组织理论的又一重大特点。在组织的管理上，强调分权管理，使组织成员能够有更多的机会和权力参与到组织的日常决策中去，以此提高成员的积极性。就组织的形式而言，比较倾向于扁平型的组织结构，主张部门化，并且强调社会集团对于组织效率的重要性。组织理论中有一些比较具有代表性的理论，如马斯洛的需要层次论，赫茨伯格的双因素理论，麦克利兰的成就需要理论，以及波特和劳勒提出的波特-劳勒模型。

对于新古典组织理论的评论支持者认为，它已为组织理论提供了有价值的知识和学问。批评者认为它“不比经验性、描述性的信息更好”。应该看到同古典组织理论一样，新古典组织理论也有其不完善的方面和缺点。

三、系统学派组织理论

系统学派研究组织采用的是系统论的方法，将组织看作是一个开放的适合技术的系统，认为组织是一个由许多的系统结合而成的有机系统。20 世纪 60 年代，随着系统论的逐渐发展，组织理论也逐渐走上了系统分析的道路。系统的组织理论严格来讲并不是一个单一的理论，而是几个理论学派的总称，这些学派包括社会系统学派、社会技术学派等。其代表人物包括巴纳德和荷曼斯。

巴纳德的代表作《经理人员的职能》一书被称为管理文献中的经典著作。巴纳德在组织理论方面的主要贡献有以下几点：首先，将工作中的个人行为以及变化用组织理论进行解释；其次，在组织内部建立了一套权威接受的理论，强调金钱和非金钱的诱因；最后，将组织看作是各相互协作的系统，提出了新的组织结构理论。

荷曼斯的社会系统模式有活动、相互作用、情感、所要求的行为以及新的行为等五个关键因素。荷曼斯认为，情感、活动以及相互作用这三方面是相互依赖的，其中的一个因素发生变化，剩下的两个因素也必然会发生相应的变化。例如，人们彼此之间交往越频繁，感情就会越亲密。同时，随着人们交往的增加不仅会产生新的情感，还会产生新的行为规范、新的态度以及新的活动方式。

四、权变学派组织理论

这一学派的主要观点是，组织所生存和发展的外部环境是不断变化的，组织内部的权责结构和发展模式也并非一成不变。要根据组织发展的具体阶段和具体情况，灵活选择并设计组织结构。从组织结构设计的角度，对企业的分类和主要因素进行研究设定，试图在此基础上寻找出一种能够适用于企业的一般型组织结构模式。他们研究涉及的主要因素有企业产品工艺的复杂程度、企业的发展规模以及外部环境的变化等。权变理论学派的代表人物较多，在组织理论方面，主要有汤姆·伯恩斯、琼·伍德沃德、保罗·劳伦斯和杰伊·洛希等人。

伯恩斯等经过研究把适应于不同环境的不同组织结构划分为两类：机械的和有机的。

在实际生活中，机械的和有机的常常是一个连续体的两端，而处于两个极端的情况是较少的。应根据环境的不同变化和组织的特点选取相适合的组织结构类型，才能取得良好的效果。

五、经验学派组织理论

经验学派也是现代管理理论的一个重要的派别，其立足于现代社会的组织管理的实际有效运行问题。该理论的一个比较明显的特征是推崇事业部制的组织结构，并且认为这一决策结构的基础是目标管理。在这一组织结构中，组织中的不同层次成员之间可以进行信息的横向和交叉传递，突破了以往翻译的纵向信息传递的模式。在动力结构上，强调成员的自我控制与目标管理的激励方式。

经验学派的主要代表人物有德鲁克、戴尔、斯隆等人，他们在组织理论方面的主要观点有：古典组织理论以工作任务为中心来设计组织结构，而人际关系理论则以人为中心，在组织设计时考虑到工作轮换、工作丰富化及人的素质要求等。经验学派的任务就在于根据企业的实际经验，把这两方面的内容结合起来。

经验学派总结出一些适合高层管理和创新工作的组织结构。德鲁克把当今企业中出现的各种组织结构概括为 5 种基本类型：集权的职能性结构、分权的“联邦式”结构、模拟性分权结构、矩阵结构、系统结构，并分析了这些结构的特点、优点及适用条件。

第三节　学校组织行为

一、学校组织的基本形式

管理组织形式结构反映和规定了管理机构之间的相互关系和权力的作用方式。当代管理学把管理实践中的组织机构类型归纳为如下 4 种基本模式[①]。

(一) 直线型组织结构模式

直线型组织结构模式又称直线式组织，它是最简单、最原始的一种组织结构形式。其特点是：指挥和命令从组织的最高层到最低层，按垂直系统直接排列，各级主管人员对所属下级拥有直接的一切职权，组织中每一个职能向一个直接上级报告，即“一个人，一个头儿”，不设专门参谋(职能)机构。一般采取一个人管辖数人的形式，层层设置，形成一个等级系列，因其结构呈“金字塔”形，故又称为金字塔形组织结构(见图 3-6)。

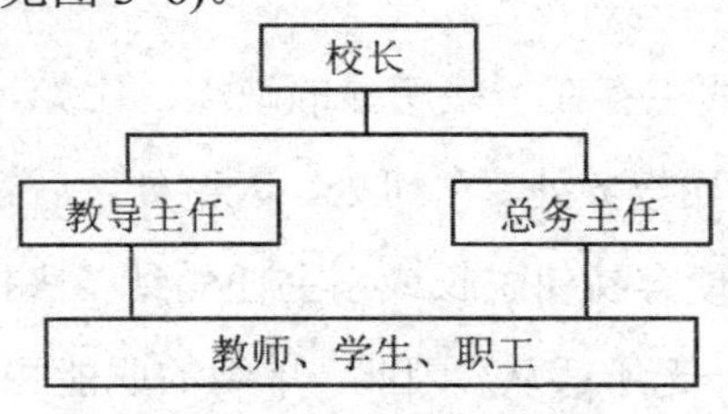

图 3-6　学校直线型组织结构形式

直线型组织结构模式的优点在于组织机构简单，上下关系明确，便于实行统一指挥，因此在军队里比较常用。就学校而言，在一些规模小的学校最适合采用这一模式。在这种情况下，一般在校长下面不设教导处和总务处等职能部门，而只设教导主任(或干事)、总务主任(或事务员)两名职能管理人员，校长直接指挥全体职工。直线型组织结构模式要求上一级机构负责下一级机构的全部管理活动，

① 司晓宏．教育管理学论纲．北京：高等教育出版社，2011：160．

因此，这一模式在一些规模比较大、管理要素比较多的学校中不太适宜运用。

（二）职能型组织结构模式

职能型组织结构模式即每一级领导管理机构都根据不同的管理任务、业务和职能，建立起若干职能部门(可以由多人组成)，每个职能部门分别承担某一方面的管理任务和职能，这些职能部门接受上级组织的领导和本部门负责人的指挥，并有权向下一级机构下达命令和指示，下一级机构必须服从。这种模式的优点在于可以使领导机构的主要负责人从各项具体的管理事务中解脱出来，集中精力考虑有关全局的战略性问题，同时能够从各职能部门获得专业化的“参谋”和咨询，有助于作出正确的决策(见图 3-7)。

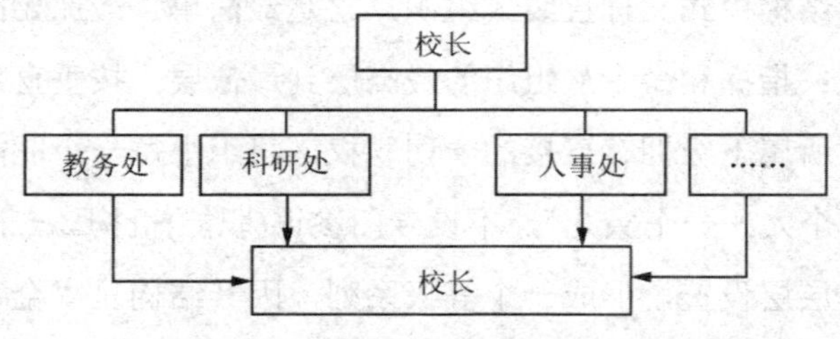

图 3-7　学校职能型组织结构模式

职能型组织结构模式也存在一些明显的缺点。比如，当高校各职能部门拥有对院系一级的指挥权时(如教务处、科研处、人事处、后勤处等职能机构分别向院长或系主任下达指令)，便容易使院长或系主任受到多头指挥，而当这些指令不一致时，院长和系主任就会无所适从。因此，单纯的职能型组织结构模式不宜采用。

（三）事业部制组织结构模式

事业部制组织结构模式首创于 20 世纪 20 年代美国通用汽车公司，后为规模较大的企业管理所普遍采用。其特点是在总公司下面分别按产品种类设立若干事业部，每一个事业部相当于一个分公司，拥有经营管理上的自主权和独立性，即有自己独立的产品和市场，独立进行生产和销售，实行独立核算，自负盈亏。同时，事业部受公司长期计划预算的严格限制，并要完成公司制订的一定额度的利润计划。这种组织结构模式最突出的特点是“集中决策，分散经营”，即总公司集中决策，事业部独立经营。

在教育事业中，这种组织结构多见于规模较大的学校，如有学校将学校管理部门分为课程教学部、人力资源部、综合办公室、信息资源部、教学质量管理部、事业发展部、后勤事业部。另一种较为常见的事业部形式是，将自己的某个分校作为一个事业部，享有决策权、财权、人事聘任权等，同时又明确规定其对总校的应尽义务。这一组织结构模式的优点是能够把统一领导和分级管理有效结合，把联合化和专业化有效结合；其弊端是，如果处理不好，容易把总部架空。

(四) 矩阵型组织结构模式

矩阵型组织结构模式又称“规划-目标结构”。它是由纵、横两套管理系列所组成的一种长方形(矩形)组织形式。其中，一套系列是按管理任务和职能而划分的相对固定的纵向系列，另一套系列是为实现某一特殊任务或目标而抽调部分人员尤其是专业人员所组成的横向系列。这些专业人员来自正规组织内同时存在的两个“互补组织”——横向的项目组织和纵向的传统直线组织。

矩阵型组织结构模式的优点是打破了系统的“一个下属只接受一个领导的命令”的指挥原则，使“权力由垂直变成水平”，加强了各职能部门之间的横向联系，把上下左右、集权分权得以最佳结合，特别是有利于促进专业技术人员相互合作，通过协同作战攻克复杂难题。这一组织结构模式比较适合运用于高科技部门和高等院校。

二、我国学校组织的行为职责

我国中小学现行的组织机构，从宏观上可以分为两个系统：一是校长领导下的审议机构、行政机构、教学组织、生产组织和办事机构，包括校务委员会、教导处、政教处、总务处、校长办公室、各科教研组、年级组、班级等；二是党支部(规模较大的学校设党总支)及其领导下的党的基层组织和群众组织，包括党小组、教育工会、教职工代表大会、共青团、少先队、学生会等。

（一）现行学校行政组织及其职责

1．校长与副校长

中小学设校长和副校长。校长是学校的最高行政负责人，副校长协助校长分管各项工作。关于中小学校长的基本职责在中小学校长负责制时会有涉及。关于中小学校长、副校长的职数，目前理论界的普遍看法是：20 个班以上的大型学校，可以设 1 正 2 副或 1 正 3 副；12 个班到 18 个班的中型学校，可以设正、副校长各 1 人；12 个班以下的小型学校，只设校长 1 人。

2．校务委员会

校务委员会简称“校委会”。它是由校长主持的，由学校各方面负责人员和部分教师代表组成的，以会议形式审查议论学校管理重大问题的审议性组织机构。校务会既不是决策机构，也不是咨询机构，而是审议性的组织机构。当多数委员与校长的意见一致时，校长可以批准并执行；当多数委员和校长的意见不一致时，校长虽有最终的决定权，但是必须慎重考虑，谨慎从事，而且原则上要对所议问题缓办，以待复议。校务会的组成人员主要有正、副校长，正、副党支部书记，教导主任，政教主任，总务主任，工会主席，团委书记，大队辅导员以及部分教师代表等。校务会议由校长召集主持。关于校委会这一组织制度，在 1985 年 5 月中共中央颁布的《关于教育体制改革的决定》和 2010 年颁布的《教育规划纲要》中都有明确的规定。因此，普通中小学必须建立健全校务会议制度。

3．行政会议

行政会议是许多地方的普通中小学在长期的管理实践中形成的一种约定俗成的会议制度。在官方文件中并无关于这一会议的出处和依据。行政会议是学校行政领导组员和各级行政负责人员讨论学校日常工作的经常性会议。它由校长主持，副校长和教导主任、政教主任、总务主任等参与，必要时可邀请党支部书记、团委书记、工会主席等出席。行政会议也俗称为学校领导的“碰头会”。行政会议较之校务会议更灵活简便，校长可以随时召集。在一些中小学，行政会议已形成了每周一次的例会制度。

4．校长办公室

这是直属校长领导下的处理日常校务工作的具体办事机构。一般的中小学都不应设校长办公室，而只设一名专职秘书或干事，在规模特别大的学校才设立校长办公室。校长办公室的主要职责是收发文件、处理公文、通知会议、协调督办、内外联络、搞好服务。

5．教导处

教导处是校长领导教育、教学工作的核心职能部门。教导处具体由教导主任领导负责，是全校教学管理的中枢机构。教导主任一般应由教学经验丰富的教师担任。教导主任是校长领导教育教学工作的主要助手。教导处及其教导主任的主要职责是：做好教师和班主任的配套工作，领导教研组和教师制订教学计划，督促和检查教学计划的执行情况；编制校历，制订上课时间表、作息时间表、全校统一活动时间表、每周活动日程表等，以建立正常的教学秩序；参加备课和听课活动；帮助教师总结教学经验，提高教学质量；组织教师进行观摩课教学和业务进修，不断提高教师的教学水平；通过听课、检查作业、抽查试卷等渠道，了解分析学生的学习态度、学习效果，协调和控制学生的作业负担量；抓好学生的课外学习和课外活动，分析学生的智能和兴趣情况，促进学生身心健康发展；组织和检查图书仪器等教学设备的管理和使用，改进教学环境和教学手段；领导班主任制订工作计划，检查班主任工作计划的执行情况；指导学生团队活动和学生会工作；组织学生的社会活动和生产劳动；帮助班主任做好超常学生和后进生的教育工作等。关于教导主任的职数，一般认为：在 20 个班以上的大学校，可设 1 正 2 副；在 12 至 18 个班的中型学校，只设主任 1 人；在一些规模更小的学校，不设教导处，只设教导主任。

6．总务处

总务处是校长领导和管理学校总务后勤工作的中心职能部门。总务处由总务主任具体负责。总务处及其总务主任的主要职责是：了解教学需要，做好教学工作的物质保障和后勤服务工作；建立健全资产管理制度，加强对学校固定资产的维修、保护和管理，提高设备的利用率；按照财务制度管理学校财务工作，做到少花钱多办事；安排好师生员工的生活，办好伙食，搞好卫生保健工作；配合教导处具体组织安排师生的生产劳动等。关于总务主任的职数，一般认为：20 个班级以上的大学校可设 1 正 1 副；中型学校可设主任 1 人；小型学校不设总务处和总务主任，只设 1 名事务员。

7．政教处

改革开放以后，一些地方在规模较大的中小学中设立了政教处。其职能是把原属教导处管理的教职工思想政治工作和学生德育工作等划归过来，实施统一管理。政教处重点对口管理的是由班主任组成的年级组工作。需要说明的是，在教育部颁发的文件中并无这一机构的出处和依据。因此，我们认为规模较大的学校如确实需要，可以设立政教处，但一般情况下应从严控制。

8．教研组

教研组也称学科组，它是一级教学研究组织，而不是一级行政组织。教研组一般以学科为单位，教师人数过少的几个相邻学科可以合在一起，组成教研组，如史地组、体音美组等。教研组设教研组长负责其工作。教研组长的主要职责是：制订教研组工作计划，协调教学进度；组织教师钻研教材；开展集体备课；安排教师相互听课，组织观摩教学，交流教学经验，切磋教学技艺；深入课堂听取学生对本组教师教学的意见，帮助教师改进教学方法，提高教学水平；开展教学改革试验，推进教学改革。

9．年级组

年级组主要由同一年级的班主任教师组成，设年级组组长。年级组组长的主要职责是：领导班主任，研究班主任工作规律，加强改进班级管理工作；研究各班学生的思想品德状况，加强和改进学生的德育工作；组织和协调全年级的社会活动、文体活动、家长会活动等大型集体活动。

10．班级

班级是学校的基层单位，班主任是班集体的组织者和教育者。班主任的主要职责是：对学生进行思想政治教育，组织和指导全班学生的学习，抓好班级纪律；指导班级的团队工作，组织学生参与各种社会活动等。

(二) 学校党群组织系统及其职责

1. 党支部

中小学党支部的主要职能是保障和监督党的教育方针政策在学校各项工作中得到贯彻和落实，发挥政治核心作用。同时，对广大师生进行政策思想教育，特别是要通过党内组织生活的开展和党员模范带头作用的发挥来影响、带动全校的整体工作。中小学党支部的日常工作由支部书记领导负责。关于普通中小学党支部书记的职数，一般认为，大型学校可设正、副书记各 1 名，中型学校及小型学校可只设书记 1 名。

2. 共青团组织

学校团组织接受上级团委和学校党组织的领导，同时也接受以校长为首的行政负责同志的指导。学校团委的主要职责是通过开展团的组织生活和团的活动教育广大学生树立革命理想，积极上进，勤奋好学，努力做社会主义现代化事业的建设者和接班人。普通中学团委一般设专职书记 1 名。

3. 少先队

少先队是中国少年儿童的群众性组织，是少年儿童学习共产主义的学校，是建设社会主义和共产主义的预备队，主要任务是教育队员“好好学习，天天向上”，成为“有理想、有道德、有文化、有纪律”的一代新人。

4. 学生会组织

学生会是团结全体学生的群众性组织。它在学校党组织领导下，并在共青团指导下开展活动。其主要任务是团结全体学生，协助校团委开展各项活动，同时协助班主任做好班集体建设和管理工作。

5. 教育工会组织

教育工会是全国总工会领导下的一个行业工会。由于我国约有 1700 万教职工、1450万名教师，其人数约占到了全国事业编制的一半左右，因此，全国教育工会是全国总工会下属的一个较大的行业工会。学校中的工会组织是学校教职工代表大会闭会期间的常设机构，也是全国教育工会会员的领导机构。学校中的工会组织，既要接受上级教育工会组织的领导，同时也在学校组织部和校长的领导与指导下开展各项活动。

三、学校组织行为的基本准则

目前，我国学校内部组织机构设置仍处于改革、完善时期。总结以往的历史经验教训，联系目前的实际，我们认为，在学校组织机构的建设上，应注意坚持以下原则。

（一）权责一致

权责一致的原则可表述为：职权和职责必须相符、相等。在进行学校组织结构设计时，既要明确规定每一管理层次和各个部门的职责范围，又要赋予其完成职责所必须具备的管理权限。而且对每一级组织机构的职务、责任和权限，都应订出章程，形成制度，做到即使任何人担任此项工作都得照章办事。只有做到权责一致，使每一个管理人员在其位都要司其职，司其职就要行其权，行其权就要究其责，究其责就要奖其功、惩其误，才能确保学校组织机构设置的合理性和运转的高效性。

（二）精简高效

精简机构，裁减冗员，提高效率，是近年来我国政治体制改革的基本方向。各级各类学校内部组织机构改革也应自觉地符合这一时代要求。在机构的设置上，要从学校管理工作的实际需要出发，务必精简，做到可设可不设的不设；在人员的配备上也要务实精干，做到可配可不配的不配。尤其是对管理干部的提拔配备，一定要做到因事设人，而不要因人设事。这里的“事”，就是指工作任务。目前，造成我国学校管理机构臃肿、人浮于事的一个重要原因就是“因神设庙”，即为了安排人员而专门或刻意地设置机构与岗位。这种状况如果不改变，学校管理的组织效能就根本无法提高。目前，有人批评中小学是“校级成员四五个，中层主任一堆堆”；批评大学是“校级干部一走廊，处级干部一礼堂，科级干部一操场”。这种批评不无道理。机构臃肿，冗员堆积，非但不能增强管理的力量和效能，相反会降低管理的力量和效能。

（三）集权和分权结合

学校组织机构的设置和建设，既要考虑到权力的相对集中，又要考虑到权力的分级和分层。该集中的权力一定要集中上来，该下放的权力一定要分遣下去。这样才能增强组织的灵活性和适应性。如果事无巨细地把所有的权力都集中在最高管理层，不仅会使最高层主管淹没于烦琐的事务中，影响对战略问题的思考，而且还会助长“家长制”和文牍主义作风。在分层管理的问题上，就中小学而言，校长承担着重要的责任和作用。校长要首先处理好自身与副校长以及中层管理人员的分权和集权关系。哪些权力该自己掌握，哪些权力该下放，下放到哪一级等，对于这些问题，校长要有周密的思考和安排。在现实中，我们常常可以观察到这样的现象：有些校长把权攥得很紧，每事必询，事必躬亲，“眉毛胡子一把抓”，不给下属人员一点处理问题的权力和余地，其结果是自己累得疲倦不堪，焦头烂额，而下属非但不感激，还表示不满；还有一些校长则过于放权，大而化之，习惯做甩手掌柜，自己则逐渐被架空，难以控制和驾驭学校全局。因此，分权和集权一定要把握好度，这里既存在着对管理活动规律的洞彻与领悟，也存在着深奥的行权、用权艺术。

（四）分工协作

学校组织机构的设计，既要考虑到明确的分工，又要考虑到彼此的合作；既要明确纵向的上下层关系，又要建立良好的横向协作关系。有分工就有协作。因此一定要防止部门本位主义。以普通中学为例，党支部与行政之间、行政与工会之间、教导处与总务处之间、教研组与教研组之间、班级与班级之间，既要有明确的分工，又要互相支持和配合；既要做到“铁路警察，各管一段”，又要提倡“众人救火，一齐上手”。

(五) 管理跨度合理

管理跨度又称管理宽度、管理幅度。它是指一个管理人员所能最大限度地管理人、财、物、事、时等对象的范围和程度。任何一个管理机构或管理人员的管理跨度总是有限的。管理跨度过大，难免会出现管不过来的现象，从而造成管理工作低效或失效；管理跨度过小，则容易形成机构臃肿、人浮于事的现象，同时也会造成管理资源浪费，管理成本加大。因此，在设计学校组织机构时，一定要考虑管理跨度问题。如前面我们曾提到学校组织机构要精简高效的问题。精简高效并不是说机构越少越小、人员越紧张就越好，这里也有一个对管理幅度的把握问题。机构太小，人员太少，不仅会影响管理的效果和效能，而且久而久之会造成管理人员过度疲劳和紧张，以至于危害他们的健康。近年来，我国教育行业中教师、干部生理和心理健康问题已经日益突出，不少人生理上处于亚健康状态，心理上焦虑、抑郁的比例增多。这种状况的出现，无疑与工作压力过大、任务过重、紧张过度密切相关。因此，从以人为本的角度来考量，在设计学校组织机构时，也应充分地考虑管理跨度合理的问题。

(六) 渠道畅通

在设计学校组织机构时，一定要确保各组织机构上下之间、左右之间信息渠道的畅通。要使决策层的指令信息能够及时、准确有力地传达下去，管理层和操作层的执行情况又能快捷、如实地反映上来，决不能出现“肠梗阻”现象。只有确保组织系统内信息渠道的畅通，真正做到上情下达，下情上达，左右通气，前后呼应，才能够确保学校作为一个正义组织的弹性与张力，进而也才能提高学校管理工作的效能。

第四章　教育资源及经费的科学配置

第一节　教育资源及其类型

一、教育资源的科学认识

教育资源概念的界定众说纷纭，有将教育资源划分为广义和狭义之说，指出："广义的教育资源指与教育活动密切相关的各种教学设备、图书资料、土地、建筑物、教职工数量、专业(业务)能力以及各项管理活动等一切人、财、物的总和。狭义的教育资源仅指教学设备、教育经费等。"有的将教育资源定义为教育的自然资源和社会资源的总和。还有的认为，教育资源是具有教育意义或能够保证教育实践进行的各种条件，包括人、财、物等物质因素，以及保证这些因素发挥作用的政策、制度、环境(物质环境、人文环境)等条件。关于教育资源，还有下述一些比较有代表性的观点。

(1) 教育资源(educational resources)，即可供教育利用的资源，它包括以下几方面：其一，人力资源，即求学者，这是社会向教育提供的一种人力资源。其人数的多少，既和一个国家人口的发展速度和人口的构成有关，也和经济发展的水平有关。具有一支相应数量和一定质量保证的教职工队伍，如果做不到这一点，教育就难以发展。其二，相应的物质保证，即校舍、实验仪器、各种教具和教学设备、图书资料、体育器材和其他日常用品等。其三，财力，它是人力、物力的货币表现。

(2) 教育资源是指整个社会用于教育领域中从事教育活动(培养不同熟练程度的后备劳动者和专门人才)的人力和物力的总和。这种观点也被称之为"二要素说"。

(3) 教育资源是指举办和发展教育事业，进行教育活动的人力、财力、物力的保证。教育的人力保证包括两方面的内容：教育部门教职员工队伍的来源以及学生来源。办教育要有一定的教职员工从事教育活动，同时也取决于求学者的多少。这些都和一个国家的人口结构密切相关。财力、物力的保证取决于国民经济的实力，经济的发展是教育发展的基本条件。这种观点可以称之为“三要素说”。

(4) 教育资源包含下列基本含义：教育资源亦称“教育经济条件”，是教育过程所占用、使用和消耗的人力、物力和财力资源的总和。教育人力资源包括教育者和受教育者的人力资源。教育物力资源指用于教育领域中的各种物质资料的总称，体现为教育过程中物化劳动的占用和消耗。财力资源是用于教育领域的人力和物力的货币表现，包括一切物资的货币形态。所受教育总是从低级向高级发展，在利用教育资源时，不可能拿大学的教材去教授给小学。教育资源具有共享性，同一教育资源可以被不同地利用，如学校操场可以进行体育活动，也可以作为升旗仪式的场所。

(5) 互动性。利用教育资源的方式是教学，教学是教与学配合的活动，这种活动具有鲜明的互动性，特别是要实现以学生为本、培养自主创新人才的目标，这种互动性就显得尤为重要。

二、教育资源的类型

(一) 能动资源与非能动资源

物力资源属于非能动资源，人力资源属于能动资源。与非能动资源相比，能动资源具有更显著的灵活性、可塑性和能动性，在教育活动中，尤其应重视能动资源的开发利用，充分发挥其主观能动性。

教育人力资源(educational personal resources)是教育活动中必不可少的资源，一方面是教育工作者人力资源，另一方面是受教育者人力资源，一般包括在校生数、班级生数、招生数、毕业生数、行政人员数、教学人员数、教学辅助人员数、工勤人员数和生产人员数等。教育的人力资源是教育资源的主要部分，这是因为人力不但是教育活动过程中的主要劳动生产力，而且其中一部分又承担了生产成果，使其在未来发挥作用的连续性主体。

教育物力资源(educational physical resources)是用于教育领域的各种物质资料的总称，如建筑物、房舍、活动场地、土地、仪器、仪表、电教器材、实验设备、读书资料、模型、家具、工具、量具、器皿、文具等都属于物力资源。物力资源是保障学校顺利进行的必要条件，也是提高教育质量的重要资源。

教育财力资源(educational monetary resources)也可以称为是教育资源的财力条件，是用于教育领域的人力和物力的货币表现。教育财力通常以教育基本建设经费和各种经常性教育经费的形式出现。

(二) 有形资源和无形资源

有形资源是指客观存在的物质资源，泛指“硬资源”，包括教学设备、图书资料、土地面积及建筑物等，这些资源是教育活动赖以存在的物质基础。有形资源就其价值来说是可度量的，价值量的大小说明了教育拥有物资资源的多少，规模的大小；有形资源的质量也是可评估的，质量的高低体现在设备是否先进。教育活动总是从某一环节开始，到另一环节结束，这一过程不断周而复始地进行，就使得有形资源的价值随着周转过程一次性或分次性地消耗，直至殆尽。

无形资源，又称“软资源”，如教育管理活动、教师的专业素质和思想素质等。无形资源是一种依附于管理者和教师自身的、看不见的智力(或人力)资源。无形资源是一种“再生性”资源，这种资源在教育活动中，不存在磨损消耗，而是资源能量的释放与再生。例如，教师在教学过程中，他不断地向学生传授知识(是一种资源能量释放)，而他的知识并没有被消耗，而是在传授知识的过程中，不断地充实、完善和更新，使其知识水平与传授能力这类无形资源得以更丰富地再生。它相对于有形资源来说，价值是不可度量的，能动性和可塑性很大。

教育资源的有形与无形从不同的侧面反映了资源的两种形态，它们辩证地统一，构成了教育资源的有机整体。首先，有形资源在教育过程中起决定因素，没有一定的物质基础，无形资源就不能得以充分地发挥；有形资源的量与质决定了教育的规模及水平，为无形资源能力的充分释放创造了条件。无形资源对有形资源具有巨大的反作用。因此，这两种资源形态之间是相互依存、相互转化的，有形资源可促进无形资源的发展，无形资源则可创造新的有形资源。正是这种辩证关系，才使得教育稳定、持续地发展有了可靠的资源保障。

第二节　教育资源的有效配置

教育资源配置是指社会对教育产业的人、财、物的投入在各种不同使用方向上的分配，具体地说就是将有限的教育资源在各级各类学校之间、地区之间、学校内部各部门之间的分配。在当今世界，个人及社会对教育的需求日益增长，而用于发展教育的资源却十分有限，需求的广泛性与教育资源的局限性的矛盾决定了教育资源的配置对教育发展的重要意义。

一、教育资源配置的原则

（一）高效配置教育资源

本书所说的效率特指经济效率，即资源配置的帕累托最优状态：资源配置已经达到这样一种境界，若改变这种配置状态，至少会减少一个人的经济利益。经济效率亦指经济主体的利益最大化。按照上述定义，教育资源配置效率即教育资源配置的帕累托最优状态。它不仅使所有学校的利益都达到最大化，而且使每个受教育者实现了利益最大化。具体来说，教育资源配置效率是指教育财政资源的最优分配。主要是政府在对教育资源的不同分配方案中如何进行选择，以杜绝资源闲置和浪费的现象，使投入的资源既符合社会的利益，也符合教育单位和受教育者的利益，使既定的教育财政资源获得最大的教育产出。

如果把教育资源配置的效率完全当成一种结果或收入，那么教育资源配置的效率越高，则教育资源配置越优化，教育资源配置的收益率也就越高；反之，教育资源配置的效率越低，教育资源配置的收益率也就越低。按照经济学家的观点，只有竞争市场所决定的分配才能使各种经济资源达到最优的配置，才可能使经济效率达到最大化。所以在教育资源的配置过程中，我们必须充分发挥市场机制的作用，以实现教育资源配置效率的不断增进。

（二）公平配置教育资源

教育资源配置公平是指教育财政资源的公平分配。关于公平，从不同的研究领域和层次出发，有不同的视角，但无论哪个视角都必须从起点、过程和结果三个方面进行评判。从经济学的视角来讨论教育资源配置公平，从起点来看，教育施教者和受教者在教育资源使用上机会均等；从过程来看，主要指教育资源分配的程序一视同仁，没有特殊化和例外的受体；从结果来看是分配的公平，分配的公平不是绝对平均主义，究竟如何分配才能保证公平性，恰恰是理论界争论不休的问题。如果教育资源的分配在上述三个方面都满足公平的基本要求，我们说实现了教育资源配置的公平。

为了真正做到教育资源配置中的公平原则，必须做好以下几方面的工作：第一，完善教育资源配置过程中公平竞争的规则是实现教育资源配置公平的内在要求。第二，确定公平合理的教育资源配置政策是实现教育资源配置公平的现实选择。第三，建立完备的教育资源配置法规是实现教育资源公平的有力保障。

（三）公平与效率相统一

教育资源配置的公平与效率是统一的，二者统一于教育实践。教育资源配置公平本身就隐含有教育资源配置效率的意义，而教育资源配置效率又体现着教育资源公平的价值。二者互为因果，互相促进，相辅相成。一方面，教育公平促进教育效率的增长。人类社会发展的历史表明，任何社会制度的建立与社会发展的有序，都必须也一定只有与之相联系的公平机制。公平是制度合法性的依据，是社会效率增长的源泉。同样，实现教育资源配置公平也必然促进教育资源配置效率的增长；另一方面，教育资源配置效率的提高反过来促进教育资源配置公平的建设与完善。而教育效率的提高为追求进一步的教育公平奠定了物质和精神基础。教育的社会经济效率的提高为教育公平准备了物质条件，教育的社会精神效率的提高为教育公平营造了良好的精神氛围和舆论环境。

二、教育资源配置的方式

(一) 教育的成本分担

教育成本不仅关系到家庭、政府和社会各界对教育的投资决策、政府财政的拨款及学费标准的制定，还关系到教育资源实际消耗的测算和教育资源的优化配置与学校办学效益的度量。教育成本分担是教育成本如何在政府、个人(家庭)、企业和社会团体等各方面之间合理分担并最终实现的问题。美国教育经济学家约翰斯通(D. B. Johnstone)于 1986 年提出的“成本分担”概念并阐明“成本分担”理论，认为教育成本应由纳税人、学生、家长以及社会人士(捐赠)共同来分担。政府和个人(受教育者)应当在其受益范围内支付教育经费。除此以外，凡直接或间接受益的社会大众，都应当对教育成本承担一定的责任。

教育成本在社会各方面之间合理的分担需要依据一定的原则，这包括利益获得原则、能力原则、公平原则和成本－收入平衡原则。利益获得原则是教育成本分担的基本原则，它充分体现了“谁受益，谁支付；多受益，多支付”的经济原则。教育中的私人产品要素和公共产品要素，导致教育资源的投入不仅对接受教育的个人(家庭)具有直接利益，其中的外部效应也为整个社会带来了利益。因而，社会各成员应当根据其获得的利益分担教育成本。能力原则，也称为经济承担能力原则，是依据利益获得者的经济实力决定负担程度的原则，教育成本的分担应当充分考虑各个主体的实际支付能力，能力强者应多负担成本。公平原则指实施教育成本分担应尽可能不影响教育机会均等，要保障大多数有学习能力的学生获得受教育的机会。成本－收入平衡原则是指国家或学校在确定教育成本分担比例时，应该综合考虑培养成本和毕业生的年度工资性收入水平，不能超越教育收益而确定教育成本。以上教育成本分担原则具有统一性，不可孤立地运用某个原则来要求特定的个人或人群。

(二) 教育资源配置方式的选择

教育资源的配置是指以一定的方式从社会资源中筹集用于教育活动所需的资源和在教育系统内部各组成部分之间进行资源分配的经济活动，主要包括配置教育资源、教育资源配置给谁、按什么标准和原则进行配置以及教育资源的配置方式和获取方式是什么等问题，这些问题决定了教育资源配置的基本格局。如何合理地配置教育资源，为教育提供充足的资源是教育资源配置研究的根本性问题。

与一般资源配置方式基本相似，教育资源配置也存在市场配置、计划配置、计划与市场相结合配置三种主要的方式。教育资源配置方式是选择一种或多种方式为教育提供资源的过程。权衡的关键，是要有利于教育资源配置的提高，也有利于教育公平和教育价值的实现。这是一个动态的过程，一个渐进的、分步实现的过程。但不管怎么说，教育资源配置方式的选择是必要的，任何选择产生的代价也是难免的，所以要能够促进教育的发展和满足广大人民群众的教育需求，因时因地因具体情况选择教育资源配置方式。我国几十年的教育资源的配置方式，特别是改革开放 30 年来的发展变化，表现为从完全的计划配置向具有一定市场方式的转变，也表现为计划配置与市场配置的结合。

三、教育资源配置的机制

(一) 政府的教育财政责任

1．政府应承担义务教育完全的财政责任

所谓公共财政，是指政府作为社会经济的管理者，以满足社会的公共需要的政府经济行为构建的政府收支活动模式或财政运行机制模式。公共财政框架的构建要求规范政府财政支出，改变财政供给越位和缺位现象，减少甚至取消财政对一般竞争性领域的投资，重点保证公共事业的发展，尤其是保证对公共产品的支出。政府公共财政对义务教育承担的责任，是由义务教育的产品属性决定的。

世界各国的义务教育从教育的阶段来看都属于初、中等教育，从儿童进入学龄阶段起，义务教育的年限长短不一。我国实行的是九年义务教育，包括小学和初中阶段，但义务教育的内涵和小学、初中教育的内涵是不一样的，它们的产品属性也是不一样的。初、中等教育就其本身而论，很难归入纯公共产品之列，在某些历史阶段它们甚至具有浓重的私人产品的色彩。而义务教育是现代社会的产物，我国的义务教育是在1986年《中华人民共和国义务教育法》颁布后才出现的。义务教育的出现本身就是一种国家行为，是法律赋予小学、初中教育以普及性、强迫性，才使它成了义务教育。义务教育本身应具有免费性，由于我国经济实力的问题，多年来义务教育的学杂费一直存在。2006年修订的《中华人民共和国义务教育法》规定："实施义务教育，不收学费、杂费。"这就进一步完善了义务教育。法律在规定适龄儿童有接受义务教育权利的同时也规定了国家有向每一位儿童提供免费义务教育的义务，正是这种法定的制度安排使义务教育成为真正的公共产品。正如一些专家所表述的那样，对于某种产品，由于消费的非排他性和非竞争性，必然意味着政府要免费提供，而政府的免费提供也不可避免地使之具有了消费上的非排他性和非竞争性，这样，一项产品的属性就可以直接依据其被提供的方式而作出判断。

义务教育作为公共产品，应该由政府承担完全的财政责任。政府应承担义务教育完全的财政责任，其含义不仅仅在于不收学费、杂费。如果财政提供的经费不足或不公平，则会使义务教育或优质的义务教育成为拥挤的公共产品，并可能导致部分儿童难以接受到义务教育或因拥挤而出现各种名目的有偿消费。因此，完全的财政责任具有充分、公平提供的含义。

2. 义务教育财政责任在不同层级政府间的分工不同

地方公共产品理论和财政联邦主义的分权理论为政府的责任分工提供了分析的依据。斯蒂格里茨(George Joseph stigler)和阿特金森(Anthony B.Atkinson)这样描述地方性公共产品："某些公共产品可能并不带有空间的限制(如从研究和开发中获得的纯收益)，但对于其他公共产品来说，尽管新来的居民无须耗费更多的成本便可获得其收益，然而这种收益却局限在一个地区中(可能会溢出某些利益到邻近社区)。”地方性公共产品具有以下几个典型特征：一是受益上的地方性；二是存在着溢出效应和拥挤效应；三是提供的层次性。公共经济理论认为，地方性公共产品应当主要由地方政府提供，这样才更有效率。财政联邦主义探讨中央政府和地方政府存在的经济理由，其主要目标是决定各种财政职能在各级政府间的适当分工。斯蒂格里茨认为，地方政府存在的理由首先是它比中央政府更加接近民众，更加了解民众的需求和效用；其次是不同地区的人有权对公共服务进行不同的选择，而地方政府就是实现不同地区不同选择的机制。财政分权理论认为，由地方政府提供公共产品，社会福利有可能达到最大，而由中央政府提供则可能发生偏差，产生供应不足或过量。当地方之间出现公共产品供给上的不均衡时，有必要通过中央政府在地方之间进行收入再分配。

根据以上理论，由地方政府承担义务教育责任会更有利于义务教育的发展。但由地方政府负责可能会导致教育财政格局完全取决于地方财政格局，导致教育服务供应高度不均等。因此出于公平性的考虑，现实中有些中央政府会决定保留提供地方公共服务的权利，以保证在所有的地方管辖区至少提供最低水平的公共服务。同时，虽然基础教育在很多国家是地方政府的责任，但地方提供服务的资金来源于中央政府的专项拨款。另外，义务教育的利益并不完全是地区性的，义务教育对于经济发展、消除贫困和知识创造的奠基功能，对于国家、民族统一和团结的维系，对于民主制度的支持等均有极大助益，其利益遍及整个国家和社会。因此，中央政府也必须承担一定的责任。

可见，义务教育财政责任在政府间的分工，理想的制度安排是一种混合模式，既不是完全集权，也不是完全分权。理想的政府教育责任分工制度安排是公平与效率之间的均衡，是多样性和统一性之间的均衡。在中央政府干预的情况下，地方政府需要有足够的自主性来决定应提供多少以及怎样提供服务，从而使蒂伯特(Tiebout)理论意义上的效率机制发挥作用。在义务教育分权的情况下，中央政府需要有充分的制度保障能使所有社区的居民都能得到最低水平的服务，并确保义务教育的全国性利益、超出服务区域的外部效益得到实现。

(二) 教育财政支出的范围和重点

教育财政支出，也称为教育资源、教育支出、教育经济条件等，是指一个国家或者地区根据教育事业发展的需要，支出教育领域中的人力、物力和财力的总和，或者说是指用于教育、训练后备劳动力和专门人才，以及提高现有劳动力智力水平的人力和物力的货币表现。

根据公共财政的有关理论，由于不同层次、不同类型的教育分别表现为不同属性的产品，教育财政的支出范围和支出重点也应有所限制、有所选择。在公共财政框架下，教育财政支出首先应用于提供教育中的公共产品，也就是说，对于教育中的公共产品应由政府财政无偿向受教育者提供，对于教育中的准公共产品则应采取政府财政补贴和向受教育者收费的混合提供方式。

教育财政支出总量只是反映国家教育支出的一个方面，片面地强调总量并不能准确反映一个国家教育支出的真实情况。因为在不同级次上的教育资源所产生的效益是不同的。基础教育的公共性强于职业教育和高等教育，因此基础教育是政府财政投资的重点。再加上在经济发展的初级阶段，发展中国家的基础教育较为薄弱，而经济发展水平又需要大量中等层次的人才，因此政府教育投资的重点在于普及义务教育，尤其以初等教育为重。

世界银行和联合国教科文组织的有关资料表明：各国政府教育支出在各教育层次中的比例随经济发展水平不同而变化。在经济发展的初级阶段，国家财力有限，财政教育重点应该在初等教育；随着国家财力不断加强，政府财政对中等和高等教育的支出比例逐渐上升。一个国家教育投资结构的比例变化应与本国教育、经济的发展变化相适应。与我国目前经济水平相适应的应是“中等教育型”，即投资的重点应放在初等、中等教育上，高等教育在一定程度上应推向市场，依靠民间投资和其他收入来源，不必以财政支出为主。目前应该增大对基础教育的投资比例，与在校规模相适应，提高学生人均教育事业经费以提高教育质量。

第三节　教育经费的合理分配

一、教育经费及其科学认识

（一）教育经费的概念

教育经费是指一国为其国民教育体系内的各级各类学校及其他教育机构活动提供的费用支出。现代社会教育事业的发展，各种教育活动的进行，都需要投入一定的人力与物力，在商品货币关系存在的条件下，这种投入一般可以用货币支出为表现形式。

教育经费的含义非常广泛，在不同的语境下其包含的内容有很大的差异。对教育经费大体上有这样三种解说：其一，将教育经费等同于教育投资。在教育经济学中，教育投资有广义和狭义之分，广义的教育投资指一切用于影响人的思想品德、增进人的知识与技能的活动费用，是指包括国民教育事业在内的整个社会用于教育活动的费用支出；狭义的教育投资是指投入国民教育体系的各级各类教育事业的人力、物力、财力的总和。其二，将教育经费等同于政府财政预算内的教育拨款。政府财政拨款无疑是国民教育最主要的经费来源，但是，从公共财政的视野来认识，政府用于教育的支出，不仅有预算内拨款，还应包括对学校及其他教育机构的减免税额，各种优惠政策下减少了的学校费用支出；由于现代国民教育庞大的体系中，各级各类教育具有的公益属性有很大的差别，公共财政的投入既不可能，也无须满足所有学校及其他教育机构的全部费用开支，所以，教育经费中还有政府财政预算以外的、来源于个人和其他社会组织机构的投入；其三，将教育经费等同于教育事业费支出。事实上，教育事业费主要覆盖的是学校及其他教育机构的人员经费和公用经费这两方面，而教育事业的发展与改革，教育教学设施设备的现代化改造，教师的继续教育等，都需要政府及社会其他方面额外的费用开支才能进行。因此，教育经费的含义明显不似广义教育投资具有极大的包容性，又宽泛于政府财政预算内的教育拨款和教育事业费所指的范围，相对而言，比较接近于狭义的教育投资的概念。

需要指出的是，因引入经济学的概念与方法对教育投资进行分析，教育经济学研究中还时常将教育投资分为直接的教育投资和间接的教育投资。所谓的直接教育投资是指各级政府、企事业单位、团体的教育投资以及国内外个人对教育的投资；间接的教育投资是指在教育活动中消耗的、在政府和家庭开支中不予计算的教育费用。例如，学生因就学所消耗的时间资源及所放弃的个人收入；国家因支持教育发展制定的优惠政策而失去的对学校财产、教育用品、学校捐资的特别免税收入等等，这些都不作为教育活动的直接消耗，因此不计入教育费用，均称之为间接教育投资。这其中既有属于教育经费范围的成分，也有不列入教育经费的内容，应当作具体区分。

（二）教育经费管理

所谓教育经费管理，是指遵循国家有关法律法规和政策制度以及管理原则，对教育经费进行筹措、分配、使用、检查以及审计的过程。教育经费管理涉及诸多的国家法律法规、政府制定的规章制度等因素，并含有较多的法律、财会、管理与信息处理等专业技术含量，具有很强的政策性、专业性与突出的时效性。

教育经费管理的活动层次不同，教育经费管理的主体也有区别。在国家的教育管理活动即教育行政中，管理主体为各级政府的教育、财政、发展与改革、审计等职能机构。经费的具体管理者，在政府教育主管机关是其所属的计划财务部门；而在财政、发展与改革、审计机关，则为其设置的行政财务或文教财务部门；在学校管理中，管理主体则为学校法人，并由学校财务部门操作。不同的管理主体在教育经费管理上既有共同点，也存有很大差异。在教育经费管理上的共同之处是，所有管理主体都必须遵循国家的法律法规、制度政策以及财务制度；不同之处主要表现在，政府机关主要通过制定有关政策法规、教育发展规划和年度计划指标或标准，提出和上报教育经费预算框架，并编制相应的教育财政预算项目予以落实和控制，学校则主要依据上级主管部门下达的经费额度与财务制度进行管理。

教育经费是教育事业发展与改革的基本保障，也是学校教育教学活动规范有序进行的基础，因而是教育管理活动的重要组成部分。一方面，随着教育规模的不断扩大，教育机构与课程类别的持续增加，教育教学设施设备技术含量的日益提高，从事教育工作人员的薪酬明显提升等，用于教育的投入呈现刚性的增长趋势，教育经费的总量相应迅速扩大，经费支出的门类日益增多。教育经费的管理正经历一个制度日趋精细、规则强调统一、技术不断升级、操作愈益规范的过程，在整个教育管理活动中的地位日益重要且有不断加强之势。另一方面，改革开放以来特别是进入21世纪以后，我国各级政府财政用于教育的费用支出持续增加，各级各类学校及其他教育机构获得的经费数额与以往已不可同日而语。但是，相对于教育事业发展所需的投入来说，教育经费不足现象依然不同程度地存在。因此，扩大优质教育资源的供给，均衡城乡教育的资源与机会，全面提高教育质量，以满足人民群众对教育日益增长的需求，教育经费的管理，更需要格外讲究科学、讲究纪律、讲究效率。

（三）教育经费管理的功能

教育经费管理的功能主要指教育经费管理的功效和职能，即教育经费起到了怎样的作用，具体地说，就是教育经费的投入与使用“应该做什么”，有限的教育经费投入“能够做什么”，以及投入的教育经费“实际做了什么”等三个问题。教育事业发展的实践历程昭示，在教育经费的投入与使用方面，“应该做”的和“能够做”的未必是实际上做了的；而“实际做”了的，却往往不是应该做的。而教育经费管理的这些功能又是随着时代变迁而演变的，如何协调“应该做”“能够做”与“实际做”三者的关系，需要教育管理者审时度势、与时俱进地在实践中做到和谐统一。从教育经费管理的地位来看，其功能主要体现在筹资、导向和监管等三方面。

1．筹资功能

从现代教育的职能来看，基础教育尤其是义务教育部分，作为提高全民族科学文化素质的国民基本教育，是一个国家、一个民族经济起飞和社会全面进步的基础。它集中并且典型地反映了教育的经济效益和社会效益的一些基本特征，如迟效性、长效性和多效性或曰“外部经济”等。因而，基础教育的收益对一个国家来说，它始终是长远的，而非近期的。它对经济和社会发展所起的促进作用是全面性的。由于基础教育具有鲜明的社会公益性这一根本属性，无论是在实行教育行政集权制的国家，还是在实行教育行政分权制的国家，无论是工业发达的国家，还是发展中国家，都是政府所承担的主要的社会公共事务之一，属于社会福利范围或公益性质，因此，在实行市场经济体制的背景下，基础教育所需投入的经费在总体上由公共财政承担，教育经费的筹措基本上也由各级政府负责。

作为公共权力行使机构的政府负责教育经费的筹措，可以强化各级政府对教育的责任意识与责任行为，这对于推进教育的社会公平，缩小地区间、级别间、校际间的资源投入差异，着力解决因财产状况和社会地位的差别而导致的公民入学机会不平等的状况，消除基础教育阶段学校之间办学条件差距过大的现象，促进入学条件上、就学过程和学业成就上的平等，具有基础性的作用。然而，在现代国民教育庞大的体系中，不同阶段与类别的教育属性存在明显的差异，决定了基础教育领域以外的学校，必须从单一依靠政府的财政性投入转向以依靠政府为主导的多渠道筹措办学经费，改变学校对政府教育投入“等、靠、要”的被动状态，促进学校以自身努力争取社会的多渠道投入，促成教育经费整体规模的持续扩大和增长幅度的不断提高。

2．导向功能

在实行市场经济体制国家的社会公共领域，“政策就是拨款”，政府通过财政拨款扶持教育科学文化等这些具有“外部经济”效应的活动，或将这些领域的活动纳入国家希望发展的方向与轨道，是政府干预的真实写照。因此，政府对教育经费的投入与使用分配，不仅对一国社会的教育资源配置具有明显的示范效用，也对教育自身的发展与改革具有强烈的引导作用。教育经费占一国国内生产总值的比例和政府财政预算比例的高低，体现了政府对教育的重视程度，反映了教育在一定社会中的地位和作用，对形成倚重教育的社会环境起着启示作用；教育经费在高等、中等、初等三级教育之间的分配比例，则揭示了一国对不同层次教育的关注程度与价值抉择；而用于职业教育的经费所占的比例，反映了一国对其教育结构的关注。此外，在各级各类学校的投入上，是偏向人员经费的开支，还是重在教育教学设施设备的装备上，也反映了对人力与物力投入不同的重视程度。在各级各类学校内部的经费管理上，如何分配使用经费也体现了不可忽视的导向功能。随着学校规模的扩大，经费投入的增加，许多学校告别了经费绝对短缺的时代。在扩大办学自主权的条件下，如何使用相对宽裕的经费，将影响到学校的工作重点确定和教职工积极性的发挥，乃至成为引导学校如何发展的重要因素。

3. 监管功能

现代社会的教育事业需要消耗巨大的人力、物力、财力，相对于教育发展需要的无限投入而言，教育经费始终是短缺的。因此，为使有限的教育经费充分发挥效用，以尽可能满足教育发展的需要，防止和杜绝教育经费的不恰当使用、浪费甚至挥霍，必须加强教育经费分配和使用的检查与审计工作，建立与实施严格的预算制度、决算制度、会计制度和审计制度及相应的程序，以期补漏防弊，提高资金的使用效率。

(四) 完善教育经费分担机制

进入20世纪90年代中期以后，随着经济体制、财政体制与社会转型的进程不断加快，我国教育投资来源的基础已发生了重大的变化，如何使教育经费的投入格局与此相适应，需要不断改革与完善现存的教育经费分担机制。

从市场经济体制的特点，认识教育发展的受益者。基础教育是最基本的国民教育，其受益者不仅是个人及其家庭，更是全社会；由于市场经济体制下包括劳动力在内的生产要素的全面流动性和高等教育的大众化进程，改变了计划经济时期或封闭式小农经济模式下，基础教育具有的“外溢”效应主要限于一乡一县的状况。改革开放的实践证明，劳动者的职业变迁与地区迁移能力，与其受教育程度密切相关，教育的受益者早已突破了以往所谓的“地方”限制，不同地区乃至全社会都获得了基础教育普及与发展的“红利”。基础教育的这种“外溢”效应，使地方从教育受益的主要占有者成为利益的分摊者之一。发展教育的利益格局出现的变化，是相当一部分地方政府对基础教育的重视长期停留在口头上的重要原因。因此，必须更新基础教育的社会效益观，从利益格局变动的情况确定教育经费的负担者。在实行“地方负责，分级管理”的教育管理体制下，应合理划分与确定中央与包括省、市、县等三个层面的地方政府在筹措教育经费方面的责任，中央和省级政府应更多地运用财政支付转移等多种政策手段，使教育经费投入向基础教育倾斜，特别是加大对中西部农村地区义务教育的投入，以均衡各地区基础教育的发展水平。建立并完善与实行分级办学体制相配套的教育经费分担体制，这既有利于发挥中央政府在教育资源配置上的宏观调控作用，协调各地区教育事业的发展，也有利于发挥地方的积极性，发掘地方的办学潜力，增强地方办学的责任意识。

从不同层次与类别的教育属性，划分教育经费的承担者。20 世纪 90 年代以来，基础教育领域的办学投资体制改革，各种形式的社会力量办学的兴起，打破了公立中小学一统天下的局面。依据《中华人民共和国教育法》对学校的社会属性界定，民办中小学也属于社会公益性机构，但现代教育并不完全属于公共物品，而是兼具私人物品的属性。从现阶段民办中小学的办学条件与服务对象来看，不能否认其主要是为满足部分社会阶层需要和利益的基本事实，所提供的产品与服务具有明显的个人收益性。因此，这类学校与发展所需的资金来源，便不可能像普通公立中小学那样全部由政府用税收予以支撑。为了使现代国民教育提供的产品与服务的范围更广、质量更高，同时也为了降低公共财政的压力，谋求社会以及个人对教育投入的支持，在现代市场经济体制下，并不排斥学校主要是私营教育机构向其服务对象收取费用的做法，甚至在一定程度上把它作为维系多种类型学校并存发展的经济支柱。问题在于，如何根据不同类别学校的性质、特点以及办学成本，合理确定收费的原则、范围与方法，使学校的教育服务收费具有法律和科学的依据。

为此，需要制定专门的教育经费法，明确规定教育经费的分担原则、分担对象、具体筹措办法等，以从法律上保证教育经费有稳定的来源和适度的增长，将基础教育领域的相关收费事项纳入法制轨道。

(五) 教育经费的衡量指标

一国教育经费的投入量，对其教育发展水平具有决定性作用。世界各个国家、地区间的经济发达程度、居民消费水平、人口规模以及年龄构成等存在着极大的差异，政治行政制度与体制也迥然不同，教育经费的投入悬殊。但也有若干可作为相对比较的指标，以衡量一国政府与社会对教育投入的重视程度，如政府财政中教育支出占国民生产总值的比例和政府财政预算中用于教育支出的比例，仍然是目前被广泛应用的指标。

1．政府教育支出占国民生产总值的比例

国民生产总值(GNP)是一国在一定时期(通常为1年)内所生产的最终产品与劳务的市场价值总和，它是反映一个国家经济的发展水平、经济产业结构以及居民生活水平的重要指标。政府财政性教育支出包括财政预算内教育经费(包括教育事业费、教育基建投资等)，各级政府征收用于教育的税费，企业办学经费，校办产业、勤工俭学和社会服务收入中用于教育的经费，其他属于国家财政性教育经费(指不属于上述各项财政性资金用于教育的经费，即属于国家财政性但未列入预算内资金管理的预算外资金，按有关规定划拨给教育的经费等)。政府教育支出占国民生产总值的比例，大体上反映了教育事业在经济与社会发展中的地位。

改革开放以来，我国教育经费增长十分迅速，特别是进入21世纪后，我国教育经费占国民生产总值的比例基本上呈上升趋势。我国政府财政用于教育的支出数额，随着国民生产总值的增长而增长。从经济理论角度分析，主要有下述原因。

(1) 一国经济越发达，人均国民生产总值越高，其国力则越有可能承担更多的教育经费，因此一国的教育经费的支出水平将伴随着国民生产总值的增长而增长。

(2) 一国科学技术水平越高，其经济对各类专业人才和熟练、半熟练工人的数量和质量将提出更高的要求。因此，一国的教育投资水平，将伴随着其技术进

步以及由此带来的经济增长而增长。同时也只有这样，教育的发展才能与经济和技术的发展相适应。

(3) 国家的经济增长和技术进步都将使得各类专业人才及熟练、半熟练工人的平均培养费用增大。因此，即使一国的教育投资水平保持不变，也不符合经济与技术发展的要求。这就是平均培养费用递增规律的作用和表现。根据这一规律，教育投资水平必将伴随着经济增长而增长。

(4) 随着经济的增长，居民生活水平不断提高，从而对受教育程度的要求也会更高，这表明教育的发展不但要受到经济发展目标的制约，而且也会受到社会发展目标的制约。由经济与社会双重发展目标所决定的教育发展，客观上要求适当超前。

2．政府预算内教育经费与财政支出的比例

政府预算内教育经费占财政支出的比例，直接反映了政府财政的教育投资努力程度。政府预算内教育经费占财政支出比例的不断扩大，是工业化发展所引起的。按照经济学家瓦格纳(wagner)提出的法则——政府活动扩张论，即随着经济的增长，必然伴随着公共部门包括国家活动的不断扩张，公共部门的支出会出现持续增长的趋势。这其中主要有三方面的原因：第一，经济中的结构性变革、社会的民主化和对社会正义的日益增加的关注。经济部门之间相互依赖性的增加，城市化和技术的变革将扩大对包括教育在内的公共服务需求。第二，自给自足的农业家庭的衰落以及作为自我维持的单位的家庭的减少，进一步增加了对公共服务特别是教育的需求。这是因为工业化的发展使得社会分工和生产的专业化日益加强，经济交往频繁并且日趋复杂化，引发社会中的各种矛盾和摩擦增加，必然要求公共部门的职能不断扩大，产生更多的社会公共事务的管理和保护活动，以确保经济活动能够符合经济和社会健康、稳定、持续发展的要求。第三，由于工业化的发展促进了社会进步，人们对文化教育和社会福利服务的要求增加，政府出于公平分配的理由应予以提供，公共教育支出在整体经济中的比例便会不断上升。政府活动扩张论强调政府的职能，不仅限于用法律保护人身和财产安全的范围，还应当适应工业化发展的需要，相应增加文化教育和社会福利式的服务。特别是对教育的需求，会随着社会的进步而上升，因此政府有义务予以提供，促进教育的发展并改善教育的社会服务职能。当然，具体投入的教育领域会因各个国家当时追求的具体目标不同而有所差别，如进入 20 世纪 90 年代以后，很多国家的政府教育投入的重点集中在促进高等教育“产学研”的结合，提升教师的专业化水平，加强各级各类学校的信息化水平建设等方面。

二、教育经费的来源

(一) 教育经费的来源构成

教育经费是发展教育事业所必需的物质基础。了解其来源构成，对于理解我国教育的改革与发展具有重要的作用。根据教育部财务司的统计口径，我国教育经费由如下部分组成：

(1) 财政预算内教育经费。指中央、地方各级财政或上级主管部门在本年度安排，并划拨在教育部门各级各类学校、教育事业单位和其他部门举办的，并列入国家预算支出科目第 182 款“教育事业费”、第 46 款“教育基建支出”“其他部门事业费中用于中专、技校的支出”和未列入各部门事业费和基建支出的“预算内专项资金及其他教育经费”。

(2) 各级政府征收用于教育的税费。指中央和地方各级政府为发展教育事业而指定机关专门征收，并划拨给教育部门使用的税费。例如：中央规定的城市教育附加费，由地方政府征收用于教育的各类教育附加费，如投资方向调节税附加和按职工工资的一定比例征收的教育费，以及征收用于教育的旅馆床位附加费，社会集团购买专控商品附加费、筵席税费等。城市教育附加费：指按照国家规定，向凡交纳产品税、增值税、营业税的单位和个人，按三税的 2%～3%征收的教育费附加。

(3) 企业办学校教育经费。指中央和地方政府所属企业举办的，并在企业营业外资金或企业自有资金列支的各级各类学校(不含职工培训性质的学校)的经费。

(4) 校办产业、勤工俭学和社会服务收入中用于教育的经费。指各级各类学校的校办产业、勤工俭学、社会服务收入中用于补充教育经费的部分，包括用于教职工个人的福利、奖励和改善办学条件、改善集体福利、教学设施等方面的经费。

(5) 社会团体和公民个人办学经费。社会团体和公民个人办学经费指社会团体和公民个人举办的各级各类学历教育和非学历教育机构的教育投入与实际教育支出。

(6) 社会捐(集)资办学经费。社会捐(集)资办学经费指城镇、农村、厂矿、企事业单位的个人根据自愿、量力的原则捐(集)资助学，以及海外台胞、港澳同胞、外籍团体、友好人士等对教育的资助和捐赠。

(7) 学杂费。是指各级各类学校的学生个人交纳的学费和杂费，包括委托培养学生和自费学生交纳的经常费和基建费。

(8) 其他教育经费。其他教育经费是指上述各项经费以外的其他项目预算外教育经费。如：学生交纳的住宿费、借读费等。

通常，我们把上述教育经费来源渠道中，财政预算内教育经费以外的各种教育经费统称为预算外教育经费。

(二) 教育经费的来源与教育管理体制

一个国家的教育管理体制类型，对其教育系统以及学校的经费来源构成有很大的影响。如在实行中央集权型管理体制的国家，中央政府负担教育经费的比例较大；在实现地方分权型管理体制的国家，教育经费则主要由地方政府负担。如美国是实行教育管理体制分权制的国家，地方分权的性质决定了其大部分的教育经费来自于地方和州。法国是实现教育管理集权制的国家，教育被看作国家的事业，其教育经费主要来自中央政府的财政预算。

我国的教育经费是以各级政府为负担主体的多层次、多渠道筹措的，这种教育经费体制已经为1995年颁布的《中华人民共和国教育法》所确定。该法第五十条中规定："国家建立以财政拨款为主，其他多种渠道筹措教育经费为辅的体制，逐步增加对教育的投入，保证国家举办的学校教育经费的稳定来源。"

20 世纪 80 年代教育体制改革前，我国的教育经费几乎全部来自政府财政预算内拨款。80年代中期以后，尤其是确立社会主义市场经济体制的改革方向以来，随着教育管理体制的逐步改革，教育经费的来源渠道日益呈多元化格局，地方在教育方面的支出份额逐渐加大。以基础教育为例，实行“在国务院领导下，由地方政府负责、分级管理、以县为主的农村教育管理体制”后，初等和中等教育的管理权与责任划归到县级政府。“以县为主”的农村义务教育管理体制，强化了县级政府责任，伴随着管理重心的适度上移，长期以来困扰着我国农村义务教育的经费问题在很大程度上得到了缓解。从积极方面看，适应了幅员辽阔、发展不平衡的国情，调动了地方办教育的积极性，促进了地方对教育投入的增加，在一定程度上促进了地方教育的发展，同时也减轻了国家在教育上的沉重负担。但也导致了一些弊端。最突出的问题是，由于城乡、地区之间的经济条件和发展水平的不平衡，在层层下放的政策效应下，导致城乡、地区之间教育发展水平的不均衡性，更突出的是一些贫困地区尤其是农村学校的教育经费严重短缺，教育条件下降甚至难以维持。

针对上述情况，国家正逐步加大对农村尤其是贫困地区的财政支付转移的力度，提高对欠发达地区教育资助的标准，扩大资助的范围。为了促进基础教育的均衡化发展，应像国际上开始推行的方法那样，设立各级各类学校办学机构、师资的资质标准，对没有达到最低限度的办学条件和生均经费的地区，由中央或省一级政府通过专项财政拨款，对该地区的教育给予强有力的扶持。

（三）学校收入来源

学校收入的来源，因不同阶段、类别与性质的教育会有很大的区别。通常，义务教育阶段的公立中小学经费主要依靠政府财政的拨款；而高等学校与私立学校的经费则明显地呈现多元化趋势，学费收入、社会捐助等非财政资助在其经费来源中占有相当比例。

在我国，中小学的收入是指学校开展教学及其他活动依法取得的非偿还性资金，不包括需以资产或劳务偿还的债务。根据1997年财政部和国家教委印发的《中小学校财务制度》规定，公立中小学校的收入主要包括下述几项。

1．财政补助

财政补助收入即中小学校从财政部门取得的各项事业经费，包括教育事业费、教育费附加、地方教育附加费、公费医疗经费、住房改革经费等。对其应当按照国家预算支出分类和不同的管理规定，进行管理和安排使用。

2．上级补助

上级补助收入即中小学校从主管部门和上级单位取得的非财政补助收入。

3．事业收入

事业收入即中小学校开展教学及其辅助活动依法取得的收入，包括义务教育阶段学生缴纳的杂费，非义务教育阶段学生缴纳的学费，借读学生缴纳的借读费，住宿学生缴纳的住宿费，按照规定向学生收取的其他费用等。其中，按照国家规定应当上缴财政纳入预算的资金和应当缴入财政专户的预算外资金，要及时足额上缴，不计入事业收入；从财政专户核拨的预算外资金和部分经核准不上缴财政专户的预算外资金，计入事业收入。

4．经营收入

经营收入即中小学校在教学及其辅助活动之外，开展非独立核算经营活动取得的收入。

5．附属单位上缴收入

附属单位上缴收入即中小学校附属独立核算的校办产业和勤工俭学项目按照规定上缴的收入。

6．其他收入

其他收入即上述规定范围以外的各项收入，包括社会捐赠、投资收益、利息收入等。

教育经费来源的多元化，给学校带来了一定的财政权限，也在相当大程度上改善了学校的办学条件与教职工的收入，但也由此引发了部分学校在经费收入方面的不规范操作和乱收费，从而严重损害了学生及家长的利益，导致了不良的社会影响。

因此，必须强调：学校的各项收入必须依法取得，一定要严格按照国家有关规定收费；各项收费必须在国家规定的范围和标准之内，并使用符合国家规定的合法票据；各项收入必须全部纳入学校预算，统一管理，统一核算。同时，编制学校预算时要坚持“量入为出、统筹兼顾、保证重点、收支平衡”的原则，自求平衡，不搞赤字预算。

三、教育经费的分配和使用

（一）教育经费的分配原则

政府将筹集到的教育经费在不同地域、学校类别和用途之间进行分配，反映了国家的教育价值观和教育经济观。教育经费的分配主要遵循下述原则。

1．均等性原则

维护教育机会均等，是现代教育的基本特征之一。分配教育经费时，首先要考虑地区和人群间的均等，尤其对老少边穷地区和教育处境不利人群要给予特殊政策与适度倾斜，这是努力实现教育大众化和民主化的客观要求。如我国正在实施的“贫困地区义务教育工程”便是基于这样的考虑。其次还要考虑各级各类教育间的均等，使不同教育阶段与类别的学校都得到可持续发展，以保持学校教育体系的和谐运行。如20世纪80年代以来，我国实行“低重心”教育发展战略，将“普九”作为教育事业的重中之重，加大了对义务教育的经费投入，即是对以往过分关注高等教育的一种矫正。

需要指出的是，均等性绝不等于平均性，分配教育经费时不能简单搞平均划拨或平均分配，更不能搞一平二调、一大二公。既要注意长远目标，也要顾及现有基础，不能削足适履，实行绝对平均主义。

2．效益性原则

从现代教育发展的特点来看，相对于教育资源的投入。教育经费总是稀缺的。因此必须实现教育资源的优化配置，将有限的资源投入到最需要的领域，发挥其最大的功效。当然，教育组织不同于工厂、公司之类的经济组织。其效益带有模糊性、迟效性的特点，无法完全像企业那样进行准确的成本归集、费用分摊和利润分析。这就要求在分配教育经费时，一方面要遵循效益性原则，考虑到教育的经济学意义和某些教育领域实行产业化的可能，另一方面又必须认识到教育活动具有自身的特点，不能像经营企业那样经营学校，用经理的绩效标准来要求校长。

教育经费分配中的均等性原则和效益性原则是一对矛盾统一体，不同国家、不同时期往往依据自己的价值观，来抉择“公平优先、兼顾效益”抑或“效益优先、兼顾公平”。

(二) 教育经费的分配趋向

教育经费的分配包括国民经济向教育部门的经费分配和教育部门内的教育经费分配及支出。国民经济向教育部门分配的经费，一般是指国家在一定时期内(通常以年计算)用于发展教育事业的资金总额。它反映了教育在一个国家经济发展中的地位、国家教育投资的实际状况及国家教育事业发展的程度。考察教育投资量的增长，一般以世界各国的教育投资量为参照系，以教育经费在国民生产总值、国民收入、国家财政支出中分别所占的比例、年度人均教育费及在校生年人均教育经费为指标。

在国民经济向教育部门分配了教育经费之后，教育经费在教育部门内部还有一个再分配的问题，即把这些经费分配给各项教育事业、各级各类学校及其他教育机构。教育经费再分配的支出构成，要有个合理比例，不能任意支配，这是使有限的教育经费得到有效合理使用的保证。教育经费在教育系统内如何分配即支出构成的情况，可以从以下两方面来考察。

(1) 对各级各类学校及其他教育机构的经费支出。就教育系统内部来讲，各级各类教育的发展应该是有计划按比例发展的，这是教育的内外规律所决定的。教育经费在各级各类教育中的分配，反映着教育事业内部各级教育发展的比例关系。

(2) 基本建设经费与教育事业费支出构成。这是在教育系统内教育经费以其使用项目或使用范围来划分的支出构成。

教育基本建设经费，有些国家称之为教育资本费用。这项经费属于国家基本建设项目，由国家发改委、财政部门通过建设银行拨款。其主要开支项目为：占用土地的征购费用，校舍、校园的新建、扩建工程及大型维修的费用，教学设备中价值在 2 万元以上的固定资产的购置。在我国属于国家财政预算支出项目，由财政部门和教育部门通过银行拨款。详细的分款科目有 14 项，即：高等学校经费；科学研究经费；留学生经费；中专经费；职业教育经费；中学经费；小学经费；幼儿教育经费；高等业余教育经费；普通业余教育经费；教师进修及干部培训经费；民办教师补助经费；特殊教育经费；其他教育事业经费。

教育事业费的支出构成，关系到教育事业费的合理使用。教育事业费在教育总经费中占有量大，从使用项目上说主要是两大类：一类是人员经费，一类是公用经费。人员经费主要包括教职工的工资、补助工资、福利金、离退休人员费用、学生助学金。公用经费主要是指公务费(如办公、水电、取暖、差旅费等)、设备购置费(如交通工具、教学仪器、家具、体育器材和图书等)、房屋修缮费、业务费(教学业务、科研、教师培训和招生方面的费用等)。我国各级各类学校的人员经费一般占教育事业费的 70%左右，最高的地区及学校可达到 90%左右，低的也达到 40%左右，而低的是极少数。这个比率说明我国教育事业费的绝大部分是人员经费。近年来，我们的教育事业费虽有很大的增长，但增加的教育经费的大部分被教育人员经费所占用，即被教师队伍的扩大、教职工工资的调整及教育经费开支项目，如离退休人员队伍的扩大和工资标准的逐年提高等占用。据调查，增加的教育事业经费用于人员经费支出的，中学占 72.2%，小学占 83.3%。这样，实际上公用经费增长并不显著，这正是我们学校教师办公条件、生活条件、设备仪器等办学条件得不到较大改善的根本原因。改革的措施是在增加教育事业总投资量的基础上，调整好这个比例。当然，从总体来看，教育经费的分配趋向并不是一成不变的。一般来说，经常费的所占比例较大，而基建费则往往随着教育事业的发展经历一个由多到少的过程。这主要是因为，基建费投入大而使用周期长，达到一定水平后便呈现维持状态。如英、美两国，20 世纪 50 年代教育基本建设费占教育总经费的 20%多，到了 80 年代，这一比例则降到 5%左右。我国的情况则有所不同。长期以来，我国财政拨款中基建费的比例一直偏低，近年来教育设施虽有较大改善，但由于欠账太多，一时难以得到全面改善，所以无论教育的经常费还是基建费，都需要进一步加大投入。

（三）学校经费的支出和使用

学校经费支出是指学校为开展教学及其他活动发生的各项资金耗费。无论国办还是社会力量举办的中小学校，它的支出项目大致相同。根据 1997 年财政部和国家教委印发的《中小学校财务制度》规定，学校支出包括：一是事业支出，即中小学校开展教学及其辅助活动发生的支出。事业支出的内容包括基本工资、补助工资、职工福利费、社会保障费、助学金、公务费、业务费、设备购置费、修缮费和其他费用。二是建设性支出，即中小学校用于建筑设施方面的支出，包括用专项资金和社会捐赠等新建、改扩建建筑设施发生的支出。三是经营支出，即中小学校在教学及其辅助活动之外开展非独立核算经营活动发生的支出。四是对附属单位补助支出，即中小学校用财政补助收入之外的收入对附属单位补助发生的支出。

学校经费的使用，必须遵循下述原则。

(1) 中小学校经费的支出和使用，应当严格执行国家有关财务规章制度规定的开支范围及开支标准；国家有关规章制度没有统一规定的，由学校结合本校情况决定，报主管部门和财务部门备案。

(2) 中小学从有关部门取得的有指定项目和用途并且要求单独核算的专项资金，要按照要求定期报送资金使用情况报告；项目完成后，报送资金支出决算和使用效果的书面报告，并接受有关部门的检查、验收。

(3) 中小学校开展非独立核算经营活动，必须以不影响正常教学活动为前提。在开展非独立核算经营活动中，要正确归集实际发生的各项费用；不能直接归集的，要按照规定的比例合理分摊；经营支出应与经营收入配比。

(4) 中小学校应加强对支出的管理，各项支出应按实际发生数列支，不得虚列虚报，不得以计划数和预算数代替。

（四）提高教育经费使用的有效性

教育经费使用的核心问题是正确使用教育经费，提高教育经费的有效性。教育经费的有效性即指在一定的教育投资条件下，使现有的教育经费发挥最大的功效。只有这样，才能以最少的人力、物力、财力来实现既定的教育事业发展目标。我国特别是基础教育所面临的难题之一，就是教育经费严重短缺。而这个问题的解决，要求我们必须在增加教育投入(即教育经费总额)的同时，努力提高使用效率。特别是在目前我国教育经费总额不可能大幅度增长的情况下，努力提高教育经费的使用效率，就有着重大的意义。提高教育经费的使用效率，需要从以下几方面着手：

1．调整教育经费分配结构

合理的教育经费分配结构是提高教育经费使用效率的最重要环节。一般来说，教育经费的分配结构受教育结构、教育政策目标等的影响，更主要的是受国民经济发展水平的制约。从世界各国初、中、高三级教育经费分配结构的发展变化中可以看到，在经济和教育发展的初期阶段，初等教育经费所占比例最高，其次是中等教育，高等教育经费所占比例较低；随后，在三级教育经费分配中，投资重点逐步转向中等教育和高等教育。在国民收入水平持续提高的情况下，国家可以拿出更多的钱来办教育，此时初、中、高三级教育经费所占比例的差距逐渐缩小，分配趋向均衡化状态。这可以说是初、中、高三级教育经费分配的一般规律性趋势。而目前我国初、中等教育经费比高教经费更显不足。因此应适当提高基础教育经费在总额中的比例。这是我国教育结构趋向合理，即加强基础教育，大力发展中等职业教育等的需要，更是目前我国经济发展水平尚不高所决定的。

2．构建合理的教职工队伍

教职工队伍的质量，尤其是教师队伍的质量是影响教育经费使用效率的直接因素。目前我国教师学历和素质都有待进一步提高。学历虽不能完全反映和决定教师的业务水平与教育质量，但它是教师接受教育程度的标志，是教师从事教学科研工作的基础。此外教师队伍中还有相当一部分教师没有受过教育专业的教育和训练，教育专业知识不足，教育、教学的基本技能不高。这正是我国诸多教育、教学改革往往达不到预期效果，教育质量难以全面提高的根本原因之一。因此要通过各种途径和方式提高教师个人的专业素质与能力。另外要注意使教师群体结构趋于合理。调整教职工与在校学生数的比例，使各级各类学校及其他教育机构的师生比例、教职工与学生比例趋于合理。

3．完善教育组织系统

建立起规模适当、布局合理、层次结构和专业比例合理的教育组织系统，以利于人力、物力、财力的充分利用，避免浪费。这实质上是通过调整教育系统内部的结构来改变教育经费的分配结构，进而实现合理使用教育经费的目的。在这方面，需要我们做的工作很多。我们应该通过控制建新校，挖掘老校潜力，合理安排学校布局来调整办学规模，以提高教育经费的使用效率。

4．提高经费使用效率

加强对教育机构内的仪器、设备的保管，并提高其使用率，使物尽其用，减少浪费。

5．提高管理水平

主要包括两方面的工作：一是提高教育工作的管理水平，向管理要质量，以提高教育经费的相对使用效率；二是加强对教育经费本身的管理，主要是加强教育经费的计划管理，建立高效率的财务管理机构，严格财务纪律，完善预算包干制度等。

第五章　教育行政管理体制及其国内外发展

第一节　教育行政管理体制的性质

一、教育管理体制的概念

（一）体制

“体制”一词原是生物学中的一个概念，指生物器官的配置形式，后来引申为国家机关、企事业单位的机构设置、隶属关系和权利划分等方面的具体体系和组织制度的总称，如经济体制是指具体的组织、管理和调节国民经济运行的制度、方式、方法的总称。不同的体制有不同的内容，但从组织学的角度而言，它们的内涵基本是相通的，即主要指机构的设置、隶属关系和权限划分等内容。

（二）教育管理体制

教育管理体制是教育领域中关于机构的设置、隶属关系以及权限划分等方面的制度。包括一个国家的教育管理权力如何确立和划分，中央和地方各自设置什么形式的教育管理机构，这些机构之间是否表现出一定的隶属关系，一个国家对教育的管理总体上是集中管理还是分散管理等。教育组织系统相当庞大，涉及宏观和微观层面。有关各级政府管理教育事业的部分，一般被称为教育行政体制；有关学校内部管理的部分，通常称为学校管理体制。

二、教育行政管理体制的功能

教育行政管理体制既是国家行政体制的重要组成部分，又是国家教育体制的重要部分。从静态层面上看，其主要是一种教育系统内的组织体系，而在动态层面上则是一种运行机制，二者构成了一个有机的统一体。受到一定社会政治、经济、文化传统等各方面因素的制约，不同的教育行政管理体制在功能上各有侧重，并表现为突出不同的内容，反过来也能对教育的发展乃至社会的变革产生一定的影响。一般来说，教育行政管理体制主要功能有以下四项。

(1) 领导与管理功能。教育行政管理体制在整个教育体制中居于主导地位，对于办学体制、学校管理体制都有着制约作用。如国家行政管理体制中突出地方分权，那么地方教育行政部门的招生制度、办学制度和学校自主权就会增大。

(2) 权力分配功能。教育行政管理体制所要解决的核心问题之一，就是处理中央与地方的关系、教育行政部门与学校的关系，而这些关系的确定，实质上就是划分国家教育行政管理的权力。在国家教育行政管理体制下，明确国家各级教育行政组织机构及学校的权利与责任，从而确保教育活动的正常运转。

(3) 分工协作的功能。教育行政管理体制不但是各种教育主体的力量在教育系统中发挥作用的外在表现形式，同时也是教育行政系统内部各个组成部门之间的分工协作的一种表现。通过各个教育主体权利的行使、职责的履行、义务的承担、利益的享有，实现有效分工与协调合作。

(4) 提高教育行政组织效率的功能。教育行政管理体制明确各级教育行政组织机构的权利与义务、职责与权限，其根本目的就是要在确保教育活动正常运转的基础上，尽最大可能地提高教育行政管理的效率。效率原则是衡量任何组织结构的基础，离开了效率原则，教育行政管理体制的存在与改革就变得毫无意义。

三、教育行政管理体制的类型

教育行政管理体制的类型是指教育行政组织的形态，也就是国家干预教育活动的制度安排与组织结构预设的形式，可以分为中央集权制与地方分权制、从属制与地方制、专家统治制与非专家统治制等多种类型。

(一) 中央集权制与地方分权制

根据教育行政管理权责的分配关系，可以把教育行政管理体制分为中央集权制和地方分权制。所谓教育行政管理的中央集权制是指教育行政管理的权力集中于中央政府及其教育行政管理部门，地方政府及其教育行政部门则以贯彻实施中央制定的教育法律、法规、政策、规划和指令为己任，中央和地方的关系，表现为垂直的、领导与被领导的隶属关系。所谓教育行政管理的地方分权制是指国家领导和管理教育的权责由中央政府和地方政府分别执掌，以地方自主管理为主的制度。在这种管理体制下，中央和地方政府在教育管理上有各自的角色定位和权责范围，主要体现一种相对独立的关系而非领导与被领导的隶属关系，呈现一种平行的管理体制。法国是教育行政管理中央集权制的典型代表。法国从教育事业是国家事业的观念出发，建立代表国家权力的中央教育部，统一领导和监督全国的教育，其权力范围不仅包括制定全国教育的大政方针和政策，还包括统一确定各级各类教育机构的教学大纲、教学目标、教学方法、考试时间和内容，并管理公立学校的教职员工、制定公立学校发展规划、确定教育经费等。实行教育行政管理分权制的典型代表是美国，美国联邦宪法明确规定，教育行政管理的权限保留在各州政府。美国在“自治办教育”理念的支配下，各州和地方学区及州所规定的其他机关拥有管理教育的权力和责任，其中包括独立的教育立法权和制定教育政策权。美国联邦教育部对全美教育事务主要起指导、建议和资助作用，其职能是服务性的。

中央集权制和地方分权制这两种教育行政管理体制类型各有其特点。中央集权制有利于统一的国家教育方针和政策的制定与贯彻落实；有利于制定统筹全局的教育发展规划；有利于中央调节各区域间教育发展不平衡的状况，加强对落后地区教育事业的扶持和帮助。此外，这一体制促进了教育标准的统一，各地可根据统一的标准评估和检查教育的发展状况。然而，中央集权制的管理体制也有不足之处，主要表现在：容易形成不顾各地方特点和条件强求一致的状况，从而对地方因地制宜发展教育造成不利影响；教育行政管理的权责集中于中央，不利于调动地方发展教育的积极性、主动性和责任感；中央集中管理，地方缺少自主权，客观上使得地方教育行政管理工作趋于保守、僵化，缺少能动性和灵活性，降低了教育行政管理的效率。教育行政管理的地方分权制的主要优点是：地方政府及其教育行政部门负有发展教育的权责，有利于地方因地制宜管理教育，使教育适应于地方经济和社会发展的特点与需要；地方政府及其教育行政部门执掌有关教育发展的权力，有利于充分调动和发挥其发展教育的积极性、主动性和创造性；地方自主管理教育事业，有利于地方及时处理和决断有关教育问题，可以避免出现事事请示中央的现象，增强教育行政决策的针对性和实效性，提高教育行政管理的效率，同时也能促使中央集中精力更有效地履行其宏观管理或领导的职能。教育行政管理的地方分权制的不足之处主要是：教育行政管理分散，不易在教育领域统一政令、统一标准、统筹规划及统筹兼顾；各地社会经济、文化发展水平不同，对教育事业的认识不同，容易造成区域间教育发展的不均衡；各地自主行政，中央调控能力减弱，不利于组织地方之间的教育沟通与协作。

因此，中央集权制和地方分权制这两种教育行政管理体制类型互有长短、各有利弊。当然，这两种体制各自的利弊只是一种外在的现象，真正认识到造成这些利弊的内在原因还需要作更为深入的分析研究。应该看到，一个国家教育行政管理体制形成的原因是多方面的，促使一个国家进行教育行政管理体制改革的因素也是异常复杂的，这些因素在不同的国家、不同的时期所起的作用和表现形式也不尽相同。正是由于教育行政管理体制对一个国家或地区的教育发展至关重要，所以历来为各国教育管理学研究者所关注。研究者们围绕教育行政管理体制类型问题有不同的见解，展开了不少的争论，但也存有一些基本的认识，这些认识包括：第一，一个国家的教育行政管理是实行中央集权制还是地方分权制，有其产生、形成与运作的客观基础，是该国长期形成的政体以及历史文化所造成的。正因为如此，教育管理体制的改革，绝非是轻而易举的事情。第二，从优缺点两方面来看，两种体制各有利弊，很难断言孰优孰劣。不同的价值评价观，对于教育管理领域中的具体问题会产生迥然相异的评判。例如，从中央集权的教育管理体制角度来说，统一各种教育评估标准不仅有助于保证教育的质量，也便于教育评估者的具体操作。但从分权制的教育行政管理体制角度来看，就会发现很多不足：实行统一的标准，全国一刀切，没有照顾到各地千差万别的教育条件与特点。所以，对这两类教育管理体制的利弊，不可偏执一端，不可因为一定时期某些改革的需要，过度推崇某种类型的体制，而极力贬斥另一种类型的体制。从教育管理体制变革的历程看，由于一个国家在不同历史时期的政治、经济、文化和社会发展模式的变化，很多国家在该领域时常表现出集权与分权的周期性改革。第三，教育行政管理体制并不能解决教育领域的所有教育问题，它更多影响的是国家教育制度、政策及管理层面的事物，对课堂教学的影响则小得多，要真正提高课堂教学质量，还得从改进课堂教学入手。

（二）从属制和独立制

依据教育行政管理机构与政府之间的关系，可以把教育行政管理体制分为从属制和独立制。教育行政管理从属制又称教育行政管理完整制，主要指各级教育行政管理机构是各级政府的一个职能部门，接受政府首长的领导，不是脱离政府的独立组织。如我国的各级教育委员会或教育厅(局)都是各级政府的一个行政职能部门，在各级政府首长的领导下，专司教育行政管理。而教育行政管理独立制又称教育行政管理分离制，一般应用于地方教育行政管理，主要指地方教育行政管理机关脱离一般行政而独立存在。它不属于地方政府的一个职能部门，也不接受地方政府首长的领导，而是直接向所在地区的代议制机构负责，如美国的地方学区制。

教育行政管理的从属制和独立制也是各有优点和不足。教育行政管理从属制的优点是：教育行政管理部门作为政府的一个组成部分，有利于政府统筹规划，协调教育与国民经济和社会发展之间的关系；教育行政管理部门在政府的领导下行使管理职权，有利于加强教育行政管理的权威性。教育行政管理从属制的不足之处主要是：由于教育是周期长、见效慢的社会公共事务，容易使政府在工作安排中出现忽视教育的情况，特别在政府财政困难时期，这些情况会表现得更为突出；政府首长任期的限制，容易导致教育管理上热衷于追求短期效果，而忽视教育的特殊性，不按教育规律办事，结果对教育的发展带来损害。教育行政管理的独立制的主要优点是：教育成为独立的社会公共事务系统，有利于避免同级一般行政对教育的不必要干扰，也有利于避免外行领导内行，能够提高教育行政管理的效率。其主要不足之处是：教育行政管理独立于一般行政管理之外，不利于发挥政府办教育的积极性，同时也不利于教育事业与社会其他事业的协调发展。

（三）专家统治制和非专家统治制

依据教育行政管理决策权是否由教育专家掌握，可以把教育行政管理体制分为专家统治制和非专家统治制。所谓教育行政管理专家统治制是指教育行政管理机构中的领导者特别是教育行政决策者主要是由教育专家担任，这类教育专家不仅从事过教育工作，且取得过卓越的成效。教育行政管理非专家统治制是指教育行政管理首长或领导者由非教育专家担任的制度。

教育行政管理的专家统治制和非专家统治制也各自有利弊。教育行政管理专家统治制的主要优点在于：有利于教育行政首长专业化，有利于对教育事业进行科学管理，重视发展教育事业，按教育规律办教育。它的不足之处在于：容易将注意力局限于教育内部的各种关系，忽视教育与社会其他方面的联系，结果导致教育行政决策的片面性或狭隘性。教育行政管理非专家统治制的优点表现在：有利于密切教育与社会之间的关系，促进全社会关心教育的发展；有利于加强学校与家长及社会各方面的联系，创造良好的社会育人环境。其不足之处主要是：容易出现不顾教育的特点和规律，乱决策、瞎指挥的现象；由于非专家参与教育行政往往代表一定的社会利益集团或社会群体的利益，使教育决策和政策容易受利益集团的影响，从而影响教育决策和政策的公平性和科学性。

以上从不同的角度分析了几种主要的教育行政管理体制类型。在这几种分类中，教育行政管理的中央集权制和地方分权制的划分是最为基本的，也是最为典型的。后两种类型都在很大程度上受其影响和制约。纵观世界各国的教育行政管理体制，尽管教育行政组织结构不尽相同，但其在本质上都可以归纳为这两种体制类型或由这两种类型演化而来的中间类型。当然，任何一个国家的教育行政管理体制都不可能是单一的某种类型，而更多的是体现多种类型体制的综合体，并且这一综合体总是处在动态的变化之中。

四、教育行政管理体制的制约因素

教育行政管理体制并非处于真空状态而独立存在，其建立、改革及完善都受到一个国家或社会的诸多因素的制约或影响。

（一）国家政治体制的制约

教育从来都受制于国家政治制度、体制以及具体的行政机制。一般来说，教育行政管理体制与国家政治体制始终保持高度一致。实行中央集权制的政治体制，教育行政管理体制不大可能为完全的地方分权，如在我国，国家政体属于统一和集中领导的形式，尽管改革开放以来，教育行政管理体制重心不断下移，但教育管理中央集权的性质并没有也不会从根本上发生变化，只是在中央统一领导之下，地方被赋予了比以往更多的发展教育的权责，有更多的参与具体政策制定的权力和机会。

（二）社会经济状况的制约

社会的经济发展水平是社会财富和社会剩余劳动产品的集中体现，它是决定社会其他事业发展水平的基础性因素。随着经济发展水平的不断提高，教育发展的规模、速度和水平不断加快与提升，教育组织形式也得到不断的演进。如新中国成立以来，尤其是改革开放以来，我国社会经济发展水平有了极大的提高，国民收入分配格局发生了巨大的变化，这一切都在整体上促进了我国教育行政管理体制的改革，我国教育行政组织结构、规模、权责分配都在不断地进行局部的调整和优化。

（三）本国教育和文化传统的制约

任何国家都有自己的文化、教育传统，在有些国家这些传统被强有力地保存下来，并对教育行政管理体制产生了决定性的影响。以美国为例，作为一个移民国家，其教育的发展有自下而上的特点。早期的移民初到大陆时，由于村落散居，交通不便，各村镇只得自行办学。到了19世纪上半叶，由学校逐步发展到了学区，以后又在学区发展的基础上设立州教育厅，最终建立了联邦教育部。正因为有这一传统，故在美国，教育及其管理体制历来被认为是地方的事情，联邦政府基本上不予干涉，由此形成了分权式的教育行政管理体制。

（四）国际改革浪潮的影响

当代世界各国的教育正日益走向开放，各国教育的交流与合作日益加强，任何国家的教育改革都备受关注，国际教育改革潮流对世界各国的教育影响日益增大。很多国家都借鉴、学习他国先进的教育行政管理体制改革理念、经验与举措，以调整或变革自身的教育行政管理体制。我们经常可见一些国家在进行着教育集权式管理向分权式管理的改变，或是相反，由分权式管理向集权式管理的变革，究其原因，除了来自政治、经济、教育发展的需要外，往往与受到他国成功经验的影响有关，以为其他国家的教育行政管理体制的改革经验也一定对自己国家有效。从实际情况来看，这种在外来的改革动力之下所进行的教育行政管理体制的变革，成功失败皆而有之。

（五）管理主体的制约

教育行政管理体制不仅受到各种外部环境的客观因素影响，也受到管理主体自身内在的思想、观念和价值观作用的支配。尽管目前对于管理主体对教育行政管理体制的影响还没有得到深入研究，但是这一影响是客观存在的。在现实生活中，有什么样的管理者，往往就会形成什么样的管理形态。如管理主体可以在体制选择、具体制度制定以及效能发挥等方面产生影响。即使是在同样的社会制度下，面临大致相同的教育行政管理环境和对象，对管理体制的设计、评价的标准和偏好以及行政执行方式也会有所不同。这说明，教育行政管理体制的确立和改变，同管理者的政治、学识、业务、性格、能力、修养等有着一定的内在关系。

在我国，由于教育政治学、教育生态学的研究还比较薄弱，对于哪些因素在对教育行政管理体制发生作用，或者在多大程度上、以什么形式对教育行政管理体制发挥作用，认识还远远不够。相信随着这些领域的研究深入，人们对制约教育行政管理体制的因素的认识会进一步加深。

第二节 我国的教育行政体制及其改革

一、新中国成立以来我国的教育体制变化

教育管理体制有其历史发展的延续性和演变过程，我国教育管理体制的历史发展又受特定的政治、经济等社会因素的影响。研究今天的现状，有必要对历史作一简要的回顾。这里着重阐述基础教育管理体制的变革过程。新中国成立以来，我国基础教育管理体制的发展大致经历了以下几个阶段。

(一) 20 世纪 50 年代

在改造旧教育、公布新学制的基础上，教育部于 1952 年颁发了《小学暂行规程(草案)》和《中学暂行规程(草案)》。其中规定：小学由市、县政府统筹设置，其设立、变更和停办视不同情况而定。公办和私立小学都由市、县教育行政部门统一领导。同时规定，中学由省、市文教厅遵照中央和大行政区的规定实行统一领导，省文教厅必要时得委托专员公署、省属市或县人民政府领导所辖地区的中学。各级政府部门所办中学的设立、变更、停办，要分别报中央教育部备案，或由同级文教行政部门转报中央教育部备案。其日常行政由各主管业务部门领导，有关方针、政策、学制、教育计划、教导工作等事项受所在省、市文教厅局领导。1954 年，政务院在《关于改进和发展中学的指示》中规定，中学实行统一领导、分级管理的原则，即省辖市内的中学由省辖市管理，县(市)内的中学逐步做到由县(市)管理。这说明，对中学的管理，一开始就有分级管理的思想和做法。1958 年，中共中央、国务院发布《关于教育事业管理权力下放

问题的规定》，着手改变过去条条为主的管理体制，扩大地方教育管理权限。1959年又进一步明确提出，公办的一般全日制小学由公社直接管理，民办小学由生产大队直接管理。

(二) 20世纪60年代初期

1963年，中共中央转发《全日制小学暂行工作条例(草案)》和《全日制中学暂行工作条例(草案)》，要求各地讨论试行。其中，在总结研究前一阶段工作的基础上，对中小学的领导和管理体制做出了新的规定，指出："国家举办的全日制小学，由县(市属区)教育行政部门统一管理。""其设置和停办，由县(市)人民委员会批准。……全日制初级中学一般由省、市、自治区教育厅、局管理，也可以委托所在专区(市)或县(市)教育行政部门管理。全日制高级中学和完全中学一般由省、市、自治区教育厅、局管理，也可以委托所在专区(市)或县(市)教育行政部门管理。"由此可见，在当时，教育管理体制的主要方向是加强垂直领导的作用，而对地方办教育的积极性鼓励不够。

(三) 20世纪60年代中期至70年代中期

在1966年以后的10年中，由于政治生活的影响，我国原先已逐步完善起来的中小学领导和管理体制遭到极大破坏，全国基础教育管理体制处于混乱状态，这对我国教育事业的发展不啻是一场灾难。

(四) 20世纪70年代后期至21世纪初

"文化大革命"结束后，教育部于1978年修订并颁发了《全日制小学暂行工作条例(试行草案)》和《全日制中学暂行工作条例(试行草案)》。其中规定，"全日制小学由县(市属区)教育行政部门统一领导和管理。社队办的小学，可以在县的统一领导下，由社队管理。""全日制中学原则上由县以上教育行政部门领导和管理。社队办的中学，可以在县的统一领导下由社队管理。"20世纪80年代中期以来，我国基础教育管理体制进行了重大改革，其中心是强调地方对发展基础教育的权责。1985年，《中共中央关于教育体制改革的决定》明确提出：基础教育管理权属于地方，实行“地方负责、分级管理”的原则。除大政方针和宏观规划由中央决定外，教育的具体政策、制度、计划的制订和实施，以及对学校的领导、管理和检查，责任和权力都交给地方。1986年，全国人大六届四次会议通过了《中华人民共和国义务教育法》，该法律规定，我国的义务教育事业，在国务院领导下，实行地方负责、分级管理的制度。这部法律在义务教育普及以及整个基础教育的发展中发挥了重要作用，由此，“地方负责、分级管理”成为我国基础教育管理的基本制度。

（五）21世纪初以来

2001年5月《国务院关于基础教育改革与发展的决定》指出，农村义务教育管理体制实行在国务院领导下，由地方政府负责，分级管理，以县为主的体制。2003年，《国务院关于进一步加强农村教育工作的决定》，重申了落实以县为主的农村义务教育管理体制。2006年9月1日，新义务教育法正式实施。新义务教育法始终贯穿的一个重要特征是，政府是实施义务教育的主要的和首要的责任者。该法律规定：“义务教育实行国务院领导，省、自治区、直辖市人民政府统筹规划实施，县级人民政府为主管理的体制。”新的体制强化了中央与省级政府尤其是省级政府管理和实施义务教育的责任，明确了以县为主的体制，初步划分了中央、省和县在义务教育管理中的职责。这部法律在很多方面取得了重大突破，是我国义务教育立法和教育法制建设进程中一个新的里程碑。

50多年的历史演变表明，在中小学领导和管理体制的建设中，必须正确处理中央与地方、条条与块块的关系。从总体上说，50多年的历程是一种前进的趋势，越来越接近于上下之间、条块之间正确协调的状态。但也不可否认，发展中也出现过偏颇和差错，前进中走过弯路，有过曲折。我国目前所确立的基础教育管理体制的基本原则和改革方向，是在总结了50多年实践经验的基础上提出来的，实行这一原则，将有助于调动中央和地方各级政府的办学积极性，有助于发挥社会各界兴学助教的热情，有助于实现基础教育“地方化”的要求，做到因地制宜办教育、兴学校，提高全民族的文化科学素质和道德水准。当然，从正确的指导原则和改革方向的确立，到形成完善的管理体制，还需要长期的实践探索，需要解决一系列认识问题和实际问题。回顾历史，是为了更好地研究今天，预示明天，同时也是为了促使我们对教育管理体制的类型、结构、职责分工、权限划分等问题作更深入的分析探讨，并在此基础上增强体制改革的自觉性。

二、我国教育行政体制的改革

（一）我国教育行政体制改革的历史经验

1．最大限度保障教育公平

体制、制度改革不可能回避利益问题，因为制度直接调整人们的利益关系。但是，正确的改革方向应在可能条件下优先保障大多数学生的利益和国家的整体利益。改革开放以来的教育发展实践表明，在教育机会不充分、教育资源比较紧张的情况下，制度改革的价值取向主要表现为提高管理效率，从总体上配置更多的教育资源。而当进入新世纪后，由于我国总体上已经基本普及义务教育，高等教育也进入大众化阶段，教育资源相对比较充裕，因而制度改革便转向促进义务教育均衡发展、促进教育公平等方面。

改革开放 40 年来，我国教育管理体制改革价值取向的逐步转变，为今后一段时间进一步探索现代学校制度和加强教育公共服务提供了明确的方向。当前，一些地区把现代学校制度建设的价值指向教育投入渠道多样化，虽有合理性，但从根本上讲应更多地关注学生和教师的发展，推进素质教育的深入实施，推进义务教育均衡发展，否则现代学校制度建设将会成为少数人谋取私人利益的“载体”“代言人”，牺牲大多数人的公共利益。

而加强教育公共服务，不仅需要转变观念，更需要制度的保障，如建立健全基础教育财政转移支付制度、教师区域内或跨区域合理流动制度、基础教育服务绩效评价制度等。在制度的改革和探索上，必须考虑到教育条件发生的新变化。总之，努力发挥制度的导向功能，切实保障教育的公益性，提高广大人民群众对教育事业发展的满意度，是我国教育管理体制改革的一个发展趋势。

2. 保障自主办学意识

实践表明，任何教育改革最终都是通过学校来实现的，一个国家或地区的教育发展水平最终将由学校的办学水平来决定。但受历史、文化的影响，学校在我国教育管理中曾经长期扮演被动执行的角色，缺乏主体性。改革开放以来，在政策层面，我国学校内部管理体制改革的核心制度——校长负责制逐步完善；在研究层面，校本管理的理念逐渐深入人心；而在实践层面，学校自我管理、自我评价的机制逐步建立和完善，学校主动发展规划和项目设计成为越来越多学校的自觉行为。学校发展日益成为组织的内在需要，而不是依靠外部指令的力量。学校对主体性的需要也成为教育管理制度改革的内在推动力。

在探索现代学校制度、改进薄弱学校与名校持续发展时，都需要重视学校主体性的不断提升。薄弱学校的改进，除了需要教育均衡发展政策的推动，更需要优化学校内部管理制度安排，激发教职员工的积极性。而历史上的“重点学校”必须完成向“特色学校”“示范学校”的转变，从制度上和文化上为学校持续发展提供内在的能力保障，成为真正意义上的名校。

虽然说现代学校制度建设的主体是政府、学校、社区、教育服务中介等社会组织，但主要目标并不是政府、学校与社区本身，而是由政府、学校与社会所构成的制度环境。现代学校制度建设需要政府及其教育主管部门的积极推进，更需要学校意识和能力的提升，没有学校自下而上的探索，现代中小学制度建设将会变得艰难而没有价值。

3. 政策保障与法律保障共同推进

从我国教育管理体制改革的历程来看，体制改革史实际上也是一部教育法制史。无论是“地方负责、分级管理”体制的确立和完善，还是校长负责制的推行，都是先以政策形式提出并实施，然后以法律形式对教育管理体制改革的成果进行巩固。1986 年《中华人民共和国义务教育法》的出台以及 2006 年的修订，在教育管理体制改革中起到了重要的保障作用。比如，2006 年新修订的《中华人民共和国义务教育法》规定“学校实行校长负责制。校长应当符合国家规定的任职条件。校长由县级人民政府教育行政部门依法聘任。”这实际上是对1985年以来推行校长负责制、“十五”期间推行校长任期制和校长聘任制等改革成果的巩固，有利于校长负责制的不断深化和完善。

教育管理体制改革的经验告诉我们，体制性障碍的存在固然有社会文化背景和历史传统的束缚，但克服体制性障碍不能仅仅依靠文化历史的变革，还需要通过自上而下的法律来推动。以法制为基础开展教育管理体制改革，是经验，也是发展趋势。目前，我国教育改革的重心逐步下移到学校层面，现代学校制度建设的推进和深化面临挑战，因而应尽快出台“学校法”，以法律的形式明确学校办学自主权，而这一点显得日益重要。

综上所述，从我国教育管理制度演进过程来看，制度改革具有时代性，有其自身的逻辑。这种逻辑在于教育管理制度改革必须服务于教育事业发展，必须依靠自上而下与自下而上两种力量，必须建立一套制度系统。

(二) 我国教育行政体制改革的基本方向

1. 探索地方负责、分级管理的教育行政管理体制

1978年教育部修订并颁布了《全日制小学暂行工作条例(试行草案)》和《全日制中学暂行工作条例(试行草案)》。其中明确规定：“全日制小学由县(市属区)教育行政部门统一领导和管理。社队办的小学，可以在县统一领导下，由社队管理。”“全日制中学原则上由县以上教育行政部门领导和管理。社队办的中学，可以在县的统一领导下由社队管理”。很显然，这些规定基本上恢复了1963年实行的以教育管理权力重心上移为特征的统一领导、分级管理的教育行政管理体制。

进入20世纪80年代中期以后，我国基础教育管理体制进行了一系列重大的变革，其核心是强调地方对发展基础教育事业的权责。1985年，《中共中央关于教育体制改革的决定》明确提出：基础教育管理权属地方，实行“地方负责、分级管理”的原则。除大政方针和宏观规划由中央决定外，基础教育的具体政策、制度、计划的制订和实施，以及对学校的领导、管理和检查，责任和权力都交给地方。省、市(地)、县(市)、乡分级管理的职责如何划分，由省、自治区、直辖市决

定。1986年全国人大六届四次会议通过的《中华人民共和国义务教育法》规定，我国的义务教育事业，在国务院领导下，实行地方负责、分级管理的制度。这部法律在义务教育普及以及整个基础教育的发展中发挥了重要作用。由此，“地方负责、分级管理”成为我国基础教育管理的基本制度。

1993年由中共中央、国务院印发的《中国教育改革和发展纲要》(以下简称《纲要》)强调了要进一步深化我国教育体制改革，初步建立起与我国的社会主义市场经济体制、政治体制和科技体制改革相适应的教育新体制。《纲要》特别指出要深化中等以下教育体制改革，继续完善分级办学、分级管理的体制以及要积极推进城市教育综合改革，探索城市教育管理的新体制。这些规定明确了20世纪90年代教育行政管理体制改革的方向和目标，在我国经济体制、政治体制的改革不断深化的背景下，不断完善基础教育地方负责、分级管理的体制，以逐步矫正过去教育行政管理权力过度集中中央的现象，加大地方政府对于教育行政管理的权责，增强其办好基础教育的责任感。

随着我国经济的快速增长，教育的外部环境持续发生深刻的变化，进入21世纪以后，不断完善我国现行的教育行政管理体制，成为推进基础教育发展与改革的重要环节，适应新的经济与社会环境的必然要求。2001年5月，《国务院关于基础教育改革与发展的决定》指出，农村义务教育管理体制实行在国务院领导下，由地方政府负责，分级管理，以县为主的体制。这就改变了我国原来的基础教育由地方负责，分级管理，省、地、县、乡四级教育行政管理的体制，转变为地方负责，分级管理，省、地、县三级，“以县为主”的教育行政管理体制。这是我国认识到把农村义务教育的管理权限下放到县以下的乡(镇)、甚至村，导致的教育经费难筹措、拖欠教师工资和乱收费等一系列问题，而采取的一项有力的解决农村义务教育发展问题的重要措施，也是党中央、国务院实行农村税费改革重大举措的必然结果。

2003年，国务院《关于进一步加强农村教育工作的决定》，将“以县为主”的农村义务教育管理体制进一步具体化和明确了各级教育行政管理的职能。2006年9月1日，重新修订的《中华人民共和国义务教育法》正式实施，新义务教育法始终贯穿的一个重要特征是，政府是实施义务教育的重要的和首要的责任者。该法律规定：“义务教育实行国务院领导，省、自治区、直辖市人民政府统筹规划实施，县级人民政府为主的管理体制。”新的管理体制强化了中央与省级政府尤其是省级政府管理和实施义务教育的责任，明确了以县为主的体制，以法律形式划分了中央、省和县在义务教育管理中的职责。这部法律在很多方面取得了重大突破，是我国义务教育立法和教育法制建设进程中一个新的里程碑。

2010 年 7 月，中共中央、国务院颁布的《教育规划纲要》明确提出：“健全统筹有力、权责明确的教育管理体制。以转变政府职能和简政放权为重点，深化教育管理体制改革，提高公共教育服务水平。明确各级政府责任，规范学校办学行为，促进管办评分离，形成政事分开、权责明确、统筹协调、规范有序的教育管理体制。加强省级政府教育统筹，进一步加大省级政府对区域内各级各类教育的统筹。统筹管理义务教育，推进城乡义务教育均衡发展，依法落实发展义务教育的财政责任。”这一未来十年的教育改革与发展的蓝图，充分明确了国家的教育行政管理体制改革方向和目标，即转变政府职能、简政放权，加强省级政府统筹义务教育，提出城乡义务教育均衡发展的机制问题。可以说，这是继我国确立“地方政府负责、分级管理，以县为主”教育行政管理体制的又一重大进展。

改革开放以来的 40 多年的教育行政管理体制的历史演变表明，在基础教育管理体制的改革过程中，必须正确处理中央与地方、条条与块块的关系。从总体上说，教育行政管理体制越来越明晰地呈现出上下之间、条块之间的合理分工协调的权责状态。我国基础教育已建立起在中央政府领导下，由地方负责、分级管理、以县为主的体制；同时基本建立起基础教育法规体系的框架，使基础教育事业走上了依法治教的轨道。但不可否认，发展中也出现过偏颇和差错，在探索适切的教育行政管理体制的过程中走过弯路，有过曲折。我们目前所确立的基础教育行政管理的基本体制，是在总结教育发展与改革多年实践经验的基础上确立的，实行这一体制，将有助于发挥中央和地方各级政府的办学积极性，有助于发挥社会各界兴学助教的热情，有助于实现基础教育“地方化”的要求，做到因地制宜办教育、兴学校，提高全民族的文化科学素质和道德水准。当然，从正确的指导原则和改革方向的确立，到形成完善的管理体制，还需要长期的实践探索，需要解决一系列认识问题和实际问题。回顾教育行政管理体制沿革的历史，是为了促使我们对教育行政管理体制的类型、结构、职责分工、权限划分等问题作更深入的分析探讨，并在此基础上进一步推进体制的改革，并使之趋于完善。

2．政府对农村义务教育的行政管理职能逐步明确和到位

农村义务教育实行在国务院领导下，由地方政府负责，分级管理，“以县为主”的管理体制。这一体制的改革，是针对我国长期以来农村义务教育管理重心偏低、投入严重不足和农民负担过重等问题而采取的重大改革举措。“以县为主”的管理体制改革是与税费改革同时进行的，由于税费改革取消了农村教育费附加和教育集资，加之“一费制”的实行和对教育乱收费的治理，共同减轻了农民的负担，并把农村义务教育投入的主要责任落在了政府的肩上。“以县为主”管理体制改革从体制和制度上，实现了农村义务教育办学经费主要由农民负担转变为由政府负担，从而实现了政府教育行政管理职能从主要是“管”到“管”“办”并举的转变。

经过21世纪第一个十年的努力，全国大多数地区基本完成了“以县为主”的教育管理体制改革，政府教育行政管理职能逐步明确和到位。这主要反映在能根据县域经济的发展状况和财政实力，不断加大对农村义务教育的投入，在农村中小学的建设和稳定教师队伍上取得了比较好的效果。在教育财政制度方面，由县统一管理，教师工资列入工资专户，统一管理，减少了工资发放的中间环节，确保了教职工工资的按时足额发放，有效避免了在中间环节上出现的挪用和挤占教师工资的现象；统一县域内教师的工资水平标准，并基本上达到国家公务员的薪金标准，减缓了农村中小学教师流失和不合理流动的状况。在师资队伍建设方面，由县教育局统筹管理，并负责教师培训等事宜，为全面提高中小学教师专业化水平奠定了基础；统一了中小学公用经费的开支标准，改变了原来各个学校经费不均的现象；能够集中全县财政力量和动员更大范围的社会投入，进行中小学危房改造和新学校、新校舍的建设；能够以县域为单位，全盘统筹规划现代化教学设施设备的配置，使农村学校办学条件的改善趋于有序、科学、合理。

然而，我国地域辽阔，东西部地区经济和社会发展水平不平衡，受政府行政管理层级繁多、教育行政的从属制等因素的影响，实施“以县为主”管理体制过程中还存在着一些具体问题，需要在深化教育行政管理体制改革中逐步解决。首先，规范和完善上级政府财政转移支付制度。在贫困和欠发达地区，县级经济实力薄弱，本级财政不足以支撑农村义务教育的正常运行，尽管中央和省等各级政府通过财政转移支付予以支持，且这种行为的力度逐年加大，但是，上级政府财政转移支付的总额和使用分配上，还缺少深入的供需调研，较多体现的是临时性和随意性，同时也缺少刚性的监督和资金使用的全程评估机制，这就为转移支付资金的划拨和使用埋下了很大的隐患。其次，扩大“以县为主”教育管理体制的内涵。现阶段实行的“以县为主”体制，并不是教育行政部门能够统揽投入教育领域的人力、财力和物力，并根据教育改革和发展的需要，对教育资源进行配置。在县域行政范围内，教育部门的人权通常是由人事部门、组织部门乃至宣传部门所掌握，财权则由财政部门来控制，教育行政部门只有事权和部分人事权力。因此，教育行政部门能否办成事、办好事往往取决于其与这些相关部门的关系，这就制约了教育部门的自主性和独立性。同时，这种行政管理不合理的权力分配，也导致了教师聘任制和校长聘任制无法真正实行，教师的选聘与辞退均不畅通，教师资源难以进行合理配置。因此，实现县域教育领域人权、事权和财权的统一，是深化“以县为主”教育管理体制改革的选择，也是促进农村义务教育进一步发展的关键因素。

（三）我国教育行政管理体制的未来发展

从我国教育行政管理体制改革的发展轨迹可以看出，我国教育行政管理体制的改革始终在我国社会经济体制、政治体制改革的影响下，不断变革和改进，体现出我国教育行政管理体制改革日益科学化和专业化的趋向。当前，在我国社会主义市场经济体制、政治体制改革不断深化的背景下，我国教育行政管理体制改革也呈现出一些新的发展趋势。

1．在国家政治体制改革背景下完善教育行政机构的改革

作为国家政治体制改革的关键环节——政府行政管理体制改革，自1982年起，我国已经进行了6次，尤其是2008年开始的新一轮改革——大部制改革已经席卷全国各级政府，以求加强政府行政机构整合力度，探索服务型政府建设的有效路径。在此种背景下，作为政府行政组织机构的有机组成部门——我国教育行政机构也以精简机构和转变职能为重点，对教育行政部门内部的各个职能机构进行重新审视，合理撤并一些多余的、职能重叠的机构和人员，提高教育组织机构的行政效率，缩减行政成本。因此，今后我国教育行政机构改革，一方面，要在精简机构和转变职能的基础上，着力提高行政效率、树立公共服务意识。在国家建设服务型政府的过程中，强化教育行政管理主体的伦理精神、服务精神；另一方面，在教育行政权力下放上，不仅要清晰地明确权力下放的范围和限度，发挥好权力资源的最大效用，还要做到权力与责任的对等。因为，没有责任约束的权力一方面容易造成权力的滥用；另一方面也使权力失去应有的权威，出现失去其合法性基础的危机。总之，在当前的教育行政管理体制改革中，必须健全教育行政管理中的责任控制机制和服务机制，强化教育行政管理主体的伦理精神、责任意识和服务精神，最终实现教育行政管理的科学性、有效性。

2．城乡一体化背景下的教育行政管理体制及其实现机制的改革

由于受到我国长期的城乡二元经济结构的影响，我国城乡二元教育结构形态也相当明显。尽管我国确立了“以县为主”的教育行政管理体制，把我国教育的城乡一体化提升到县级层面，但是由于全国大部分县(市)经济发展水平不高，尤其是中西部县(市)统筹能力依然有限并呈现参差不齐的状态，不仅使我国城乡教育差距的现状没有得到根本的改观，还导致了我国城乡教育发展不均衡问题更加凸显。近年来，在国家城乡经济和社会发展一体化的背景下，我国城乡教育一体化进程日益加快，在这个进程中，是否需要在更大范围内，由更高一级政府去统筹基础教育发展，以引导城乡教育均衡发展，实现城乡教育一体化，也是未来一

个时期我国教育行政管理改革所要探究的问题。

同时，城乡一体化背景下的教育行政管理体制改革的顺利完成，必须要充分考虑和研究城乡一体化下的教育行政管理体制改革的实现机制问题，也就是说，要建立行之有效的教育行政管理体制改革的激励机制和监督机制。由于改革本质上是要打破利益格局，对现有利益、资源进行重新配置，教育行政管理体制改革必然涉及诸多利益相关者的直接和间接利益，我们应该建立一种使诸多利益相关者积极参与、拥护和践行改革的激励机制。此外，国家要以制度的形式强化对教育行政机构的监督，保证改革的稳定性和权威性，建立和完善独立于教育行政机构之外的教育督导机构和制度体系，切实有效地履行监督职责，设立和完善政府评议制度与问责制度。

第三节　国外教育行政改革趋势

一、主要发达国家教育管理体制的特征

近现代西方教育管理体制的发展经历了一个传承历史与不断演进的过程。无论是宏观还是微观的教育管理体制，都受到不同国家政治、经济、文化的影响与制约，因而在教育管理的机构设置、隶属关系、权限划分等方面体现出不同的特点。

（一）英国

英国的教育随着 1902 年议会通过“巴尔福法案”，正式确立了国家统一领导与地方分权相结合的教育行政管理体制。此外，教育督导成为英国教育管理体制中的重要环节，确立了中央与地方两级的督导系统。英国教育管理体制的总体特征是机构少而精，法制化水平高。

1．精简的教育机构

(1) 教育行政机制。英国的教育管理体制从行政建制到学校内部的机构设置都

比较精简。就教育行政管理而言，是中央集权与地方分权相结合的教育管理体制，在垂直层次上分为中央和市(郡)两级。中央教育行政部门为联邦教育部，直接受教育大臣领导，管理全国的教育事业。地方教育行政部门则为市(郡)教育局，接受教育部和市(郡)行政部门的领导，管理下属教育部门的事宜。教育部负责制定国家教育标准，提出教育规划的指导性意见。设于其内的皇家督学团的主要职责之一就是对教育制度、教育和教学管理、教学质量进行分析、评价并提出建议，以影响政府的教育决策。

地方教育行政当局主要负责对本地区学校进行教育教学管理、聘用教师员工、向学校提供教育设备和材料等。其下设教育督导处，主要负责对学校教育教学进行调研、视察、监督，帮助学校制定评价方案，与教师共同探讨课程改革、教学内容、教学方法等问题，为制定郡的教育政策提供信息和依据。

(2) 学校内部管理。就学校内部的组织机构而言，英国实行的是校董事会领导下的校长负责制，由各方代表组成的校董事会是学校的决策机构。校长是学校首席行政长官，向校董事会负责，执行校董事会的决议并主持学校的日常行政管理事务。英国的中学通常设校长 1 名，副校长若干名；小学设校长 1 名，副校长或校长助理 1 名。中小学校长、副校长均为教师身份，要承担一定的教学任务。在中小学中，专司管理工作的是“接待室”，其实际职能类似于我国的校长办公室，根据学校规模设 3~5 名专职人员。除此之外，各学校还设 1 名高级教师和教育活动协调人，协助校长管理日常教学工作和其他事务，由德高望重、经验丰富的任课教师兼任。学校的教学管理机构一般采用两种体制：学系制，即各任课教师组成学科组，若干相关的学科组组成学系；教研室制，即各任课教师按专业分成教研组，若干相关教研组组成教研室。形成了从主管教学的副校长到学系或教研室主任，再到学科组长或专业教研组长直至任课教师的管理层次。

2. 较高的教育管理法制化水平

英国的教育管理法制水平比较高，主要表现在以下几方面。

(1) 教育法规体系非常健全。目前，仅联邦议会颁布的全国性教育法规就有

20 多种。此外，地方议会和政府还制定了一系列教育法规、政策，几乎覆盖了教育管理领域的各个方面。

(2) 全民教育法制观念强，知法守法成为公民的一种自觉行为。在英国，谁如果不按照法律行事，就会被认为是一种耻辱，严重的要受法律制裁。

(3) 政府对学校的管理行为和学校内部的管理活动明显呈现出有法可依、有章可循、按章办事、有条不紊的特点。学校的独立法人地位相当明确，在没有明确的法规依据的情况下，市、郡政府和教育行政部门绝对不能随意插手干预学校的管理工作。师生员工的教育、教学和日常生活行为也都十分规范，很少出现违规的人和事。

(二) 法国

法国实行高度中央集权型的教育管理体制，近年来开始注重集权与分权相结合。1981 年成立的国民教育部负责对全国各级公立学校的教学与行政实行严格的管理与控制，同时也对与政府签订合同的私立学校实施监督。地方教育行政部门与教育部保持高度一致。

1. 中央集权制的教育管理体制

法国属于中央集权制的国家，国民教育部掌管国家教育大权，在教育管理上长期实行高度的中央集权制。政府非常重视教育，确立了教育的优先地位，强调公民受教育的权利和机会均等；规定中小学实行学校、家长、学生合同制；设立"国家教学大纲委员会"，定期审查、修改教育内容，改革学制，简化考试；加强教师队伍建设，鼓励大学毕业生从教，建立教师培养学院，强调教师接受继续教育的必要性；重视教育改革，重点放在消除教育管理中的官僚主义和加强技术教育上，强调教育、科研与企业发展紧密结合。大学区是法国地方教育行政部门的最大单位，每个大学区管辖 2~3 个省。大学区负责领导和监督本学区学校的教学、行政管理和财务工作。

近年来，法国借鉴地方分权制国家的教育管理经验，将部分权力下放给地方。地方教育行政分为大区、省和市镇三级管理，大区负责高中和一些专科学校；省负责初中；市镇负责小学和幼儿学校。地方教育行政部门的主要职责是制定中小学的教育规划，分级负责中小学的基建和日常教育经费投入及其日常教学管理。例如，里昂玛利王市政府拨付学校的日常经费，以一所只有200名学生的小学为例，一年就支出40万法郎。与此同时，在人事管理上实行减政放权，将中小学教师由国家管理改为由学区管理；赋予小学教师新的职责，教师在教学安排和教学方式上有更大的自主权。在其他诸如学制、教学大纲、教材管理等方面也逐步下放权力，有步骤地进行改革，形成了教育管理体制的多样化。

法国强调教育管理要统一，教育部垂直管理基础教育。基础教育结构全国统一，小学为五年制，初中为四年制，高中为三年制。初中分为适应阶段、中间阶段和专业定向阶段，高中阶段分为确定阶段和最后阶段。尽管基础教育是统一管理，但在小学、初中拓宽知识的基础上，高中教学越来越注重学科选择的多样化，共有文科、经济与社会、科学三大类专业和第三产业科学技术、工业科学和技术、实验科学和技术以及医学社会科学四个技术专业供学生选择。

2. 学校管理实施校长负责制

法国中小学实施校长负责制。校长作为学校的一员，既是校长又是任课教师。法国校长同教师一样，均是国家公务员，聘任权在国家，而不在学校，工资直接由国家教育部发放。法国对校长的选拔非常严格，既注意资格，也注重经历，竞聘校长职务的教师必须通过严格的考试和培训。这些措施既保证了校长的质量，又提高了其权威。对于学校内部管理，由教职工、学生、家长、社会知名人士等组成各类机构，如学校理事会、教师委员会、家长委员会、班级委员会、教育小组等，他们共同参与学校的教学管理、监督，审议学校各方面工作，并为校长提供咨询。

（三）美国

1867年，美国正式建立联邦教育部，教育行政实行地方分权，中央虽在20世纪80年代恢复了教育部，但机构简化，人员较少，主要起规划、指导和协调作用。在中央与州两级管理中，以州为主。中央除立法和拨款外，不干涉地方的教育行政事务。在地方教育行政机关与学校的关系中，强调学校办学的自主性。教育管理层次少，社会监督力度大。

1．地方分权制的教育管理体制

美国教育行政体制主要由联邦、州和地方三级教育行政机构组成。但由于实行地方分权，美国联邦政府并不拥有管理全国教育的最高权力，州是美国教育管理的主体。州教育行政机构负责制定本州的教育大政方针，执行教育法令，修订各级学校课程，确定教师任职资格。地方教育行政部门对学校的领导主要体现在：制定课程的质量标准，进行检查与评估，提出改革建议；根据学校办学的实际情况，确定拨款标准；校长的选拔、任用、考核和培训。州和学区的教育机构比较简单。州一般设教育委员会，由 10 名委员组成，其中 5 名由该州有影响的公司、单位和学生家长推选，另 5 名由州长指定。由教育委员会提名并投票选举产生一名教育专家组组长，组成公立学校办公室，相当于中国的教育厅、局，领导全州教育的业务工作。

美国的教育督导职能主要在州、地方学区和学校。州督导长及督导员的主要职责是：倡导和实验各种教育、教学方案，审查教师资格并参与州及全美的教育评价工作。学区督学的职责是：对学校的课程、教学、财务、行政管理、儿童护理、教育科研等工作进行督导，提供咨询和合理化建议。

2．学校的教学管理

美国学校对教学的管理拥有高度的自主权。学校实行学区教委领导下的校长负责制，由学区有关各方代表组成的学区教委是学校事务的决策机构。学区教委的执行机构为学区教育局，设教育局长，直接对学校实施行政领导。学区教育局长是美国学校管理的重要角色，他(她)既是校长的行政领导，又是学区教务的督导长，同时还是联系学校与学区教委的中间人。教育局长与学区中心办公室是校长的具体上级。

美国学校校长是学校的行政首长，向教育局长负责，执行学区教委的有关决议及管理学校日常行政事务。除宏观指导外，政府对学校的具体业务不加干预。所以，美国的公立学校有较大的办学主动权。例如圣保罗中心高中有 2 200 多名学生、85 名教师，管理人员只有 1 名校长、4 名副校长和办公室的若干名秘书，但效率很高，管理井井有条。

3．较强的社会监督

美国的学校要接受社会监督，社区成立教育委员会，选举各界人士和学生家长代表为教育委员会委员。学校教育计划和改革方案须交委员会讨论通过后方可执行。《美国 2000 年教育目标法》把家长参与学校管理定为国家的重要教育目标，其核心内容就是家长可以选择学校并参与学校管理，经过家长评审不合格的学校可以要求关闭。可见，美国教育的行政干预较少，但社会监督力度大，这样能大大减少决策的片面性。

(四) 日　本

1868 年，日本天皇明治政府先后颁布了《帝国大学令》等一系列校令，标志着日本近代教育制度的形成。日本现行教育行政制度由《日本国宪法》和《教育基本法》所决定。《日本国宪法》宣称教育是人民的权利，规定依据民主政治的原则和地方自治的原则建构教育行政制度。日本的教育行政属于中央权力与地方权力合作型，建立中央和地方两级管理系统，在中央和地方的关系上实行中央指导下的地方分权制。

1．中央集权与地方分权相结合的教育管理体制

日本教育行政体制由中央和地方两个层次组成，即文部省和地方教育委员会。文部省为日本内阁的组成部分，其最高领导是文部大臣，文部大臣和文部省是主管教育行政的中央首长和行政机关。文部省的权限是编写、审定及指定教科书以及与学校教育有关的图书资料，制定各级教育的标准。地方教育委员会具有对学校的组织编制、课程、教学指导及职业指导权，对教科书及其他教材的处理权，对教职员工及校长进修的审批权，以及学生的就学、入学、转学及退学的管理权。

地方教育由地方公共团体实行自治。日本的地方公共团体分为都道府县和市町村两纵。教育的行政机关为教育委员会，行政主管为教育长。地方设立的大学及其他高等教育机构和私立学校由地方政府管理，教育委员会的主要职责是发展

基础教育，在人事、经费、设施设备、教育教学、课程内容和教师进修等方面对其所辖学校负责。市町村教育长的任命要得到都道府县教委的认可，都道府县教育长的任命须得到文部大臣的认可。

日本的教育督导体系分为两类三级。两类指中央视导官和地方指导主事，三级是指从文部省、都道府县到市町村的三级督导机构。日本教育督导机构的主要职责是在调查、统计、评价和研究的基础上，帮助学校改进工作，对于学校教育质量和效益仅有指导建议权和纠正违法的权利，不具备检查权、监督权。

2．学校的教学管理

日本的学校管理涉及以下三方面：物的管理即设施、设备的管理；人的管理即教职员工的任免、惩戒、监督及服务；经营管理即组织编制、教育课程、教材处理等。学校管理分别由校长、教头、教谕负责。校长负责学校经营和教育计划的制订，主要处理校外事务，并有责任对教师的教育活动进行指导和建议。教头(相当于副校长)主要处理校内事务，管理校务。教谕(相当于教导主任)主管学校教育教学计划的拟订以及对教务工作的指导和建议。

（五）德国

德国属于联邦制国家，在教育管理上联邦政府同各州政府有着明确的分工，州政府享有充分的自治和自主权。

1．地方分权为主导的教育管理体制

德国联邦宪法规定：“整个教育事业置于国家监督之下，教育、科学的立法管理主要由各联邦州负责。”联邦政府在教育领域的权利主要由联邦教科部行使，但整体教育外交和师资待遇等则由联邦外交部和内政部负责。联邦政府的主要职能是：行使竞争性立法权，即联邦政府在某教育领域如果不立法，各州就可自行立法，如果联邦已立法，各州应以联邦立法为依据制定有关规定；行使框架立法权，主要是确定高等教育的基本原则，与各州共同承担高等学校的新建、扩建，参与具有跨地区意义的教育规划和科研促进事务。

德国各州政府在教育管理方面享有充分的自治和自主权，教育领域的基础原则不是由联邦政府的主管部门确定，而是由各州之间相互约定。根据宪法规定，只要联邦法律没有另作规定，各州政府即可在教育领域内行使国家权利、履行国家义务，教育的立法和行政权在基础教育领域里尤为明显。为避免各州教育形成明显差异，保持德国教育体系的统一性，各州组成了州教育部长联席会议，以协调各州的教育政策和措施，确保各州教育事业的一致性和互通性。各州达成的一致意见就形成了具有法律效力的“国家协议”。

2. 学校管理

德国没有全国统一的中小学校和高等院校法，而是由各州在宪法的范围内独立管理、发展其学校教育事业，颁布各种专门的法规；规定各级学校的设立、维护和发展；组织师资的培训和进修；加强学校的监督和管理；负责学生在学校中的地位、学费和教材费的减免以及教育补助等事宜。这种管理模式使各州间的学校教育发展各具特色。德国的基础教育结构尽管非常繁杂，但完全可用“条条大路通罗马”这句话来形象地描述，即各级各类学校之间可以相互衔接和贯通，并且有很大的灵活性。德国教育法允许学生根据自己学习、考试和测试成绩的优劣，选择、申请转换或升入不同的学校；对符合要求的转学生，学校必须执行教育法规予以接受，不得将转学生拒之门外。

德国中小学同英国一样实行校长负责制。必须是优秀教师才有资格竞聘校长职务。鉴于校长、教师必须具备为人师表的特殊身份，为保证教师的质量，德国把教师纳入国家和州政府公务员的管理系列，由政府教育行政主管部门直接通过银行发放其工资。在经济合作组织成员中，德国校长、教师的工资待遇是最高的。

二、国外教育改革的趋势

（一）教育行政均权化

综观世界各国的教育行政管理体制改革，教育行政管理权力和责任的重新审视与划分，是教育行政管理体制变革的一个至关重要的方面。这或许是由于世界各国在教育领导和管理实践中，充分认识到教育行政管理权力的过度集中或权力的过度分散，都会对教育发展和运行产生阻碍，权力的适度调配对于教育发展具有重要价值和意义。因此，为了加强中央政府对教育的统一领导和管理，同时又充分发挥和调动地方政府办教育的积极性和主动性，在世界各国之中，实行教育行政管理中央集权制的国家正采取有效措施，提高地方政府的教育行政管理能力和统筹协调能力，赋予地方政府和学校更多的领导和决策权限，以提高教育行政效率和办学质量。与此相反，教育行政管理实行地方分权制的国家则在采取措施，将涉及全国利益的教育事务归由中央统一管理，逐步加强中央的权限和领导协调作用。也就是说，无论是实行教育行政管理中央集权制的国家，还是实行地方分权制的国家，都在寻求一种适度的、中间的权力分布状态，即逐渐趋于均权化。在教育行政管理权力均衡化的状态下，中央教育行政组织机构负责制定全国统一的教育方针、政策、教育制度等，地方政府则根据国家制定的教育方针、政策或标准，根据地方的现实情况和实际需要，拟定具体方案并付诸实施。

重新审视中央政府在国家的教育领导和管理的权力的范围和限度，并合理的下放或集中一些权力和责任，是世界各国教育行政管理体制改革共同关注的内容。尤其是在新公共管理理论的影响下，中央政府在国家公共行政管理的角色和作用重新受到审视，就教育行政管理领域来说，曾经实行强有力的中央集权的中央政府开始把基础教育行政管理的权力下放给地方政府，加强对基础教育管理的宏观方向和对教育发展质量进行评价，并为基础教育的发展提供充足的经费和政策支持。而一些实现地方分权制的国家，中央政府也开始集中一些国家教育发展的必要权力，以便能够统筹国家整体的教育发展进程。

法国是教育行政管理中央集权制的典型国家。各级教育行政机构要接受中央政府的指挥和监督。自 20 世纪 80 年代以来，法国进行了以教育行政管理权力下放为重点的教育行政管理体制改革，并通过颁布《地方分权法》《非集中化法》等法律，下放教育行政管理的权限，从而扩大学区、省、市等地方的自主权力。1997 年，法国国民教育部颁布有关机构调整和人事放权的政令，中央教育部开始进行机构重新整合，把原来的 16 个司精简为 11 个，加强宏观规划职能和各个职能部门之间的横向联系，在学制、教育大纲、教学内容和师资管理方面逐步下放权力，如中小学教师由各级管理改为学区管理，地方在学校、教师等管理方面享有更大的自主权。

美国是一个以地方分权制为特征的国家，奉行“自治办教育”的思想，地方分权和行政运作上的民主是美国教育行政管理的一个重要特点。美国联邦宪法明确规定，联邦政府并无教育行政权，教育行政权力属于各州。美国联邦教育部的职责和作用涉及的是联邦财政对教育的援助、教育研究、教育统计等职责，处于指导和资助的地位。但是近年来，美国把教育置于国家安全和保持竞争力的重要战略地位，美国政府和联邦教育部开始采取措施从宏观上对美国教育进行整体规划。比如，克林顿政府提出《2000 年目标：美国教育法》表明美国在教育改革上决心进一步强化联邦政府的主导作用。2001 年 1 月，美国总统乔治·W. 布什向国会提交了《绝不让一个孩子落后》的教育改革法案。通过这些政府法规和战略规划，联邦政府的教育行政权力影响正在逐步扩大，也表明美国的教育行政管理体制呈现出一定的集权化趋向。

重视地方政府对于教育发展的作用和价值，赋予地方政府更多的教育行政管理权力和责任，实现地方政府教育行政管理角色的转型，即改变过去地方政府作为教育政策和法规的执行者的单一角色，转变为发展区域教育的创造者的角色，最大限度地调动和发挥地方政府领导和管理基础教育的积极性和区域教育统筹发展能力，是世界各国教育行政管理体制改革的又一个重要环节。

俄罗斯的教育行政管理虽然沿袭着苏联中央集权的特色，自苏联解体后，由于经济体制和社会的转型，俄罗斯教育发展面临的重重困境，使得俄罗斯联邦开始调整教育行政管理权力高度集中的现状，明确联邦政府和地方政府及其教育行政部门的各自权责，以达到对中央教育行政权力的重新分配，强化各共和国、地区对其辖区内的教育行政管理权力。

（二）教育行政改革科学化

随着管理科学、领导科学、决策科学、系统科学等理论的发展与成熟，公共管理实践逐步从经验管理走向科学管理，管理的科学化程度得到很大提高。在教育行政管理领域，借鉴先进管理理念和技术提高教育行政管理的科学化水平，是教育行政管理体制改革的一种发展趋势。这一发展趋势主要表现在重视教育的计划性、管理的科学性和教育科学研究等方面。

随着世界经济、科学技术的迅猛发展，世界各国的教育发展速度和规模不断扩大。为了进行有效管理，实现教育发展目标，就必须从整体上制订全局性的教育事业发展计划或规划。因此，为了制订合理的教育计划，许多国家在其教育行政管理机构设有专门的机构研究或制订教育计划，如美国联邦教育部设有教育计划和预算司，英国教育和科学部设有师资、计划、国际关系及统计司，法国国民教育部设有计划委员会，德国教育部设有教育计划司，日本文部省的大臣官房和大学局都设有计划课。

就世界各国正在实施的教育计划而言，教育计划的范围和种类也在日益扩大。有的单独制订国家的教育计划，有的把教育计划作为国家综合计划中的一部分，也有的国家将教育计划纳入社会发展计划。教育计划有全国性的，也有地方性的。有长期计划，也有中短期计划。教育计划还包括各级各类的教育计划，如学前教育、初等教育、中等教育、职业教育、高等教育、师范教育和终身教育计划等。

各类教育的快速发展使教育行政事务倍增和繁杂，这就需要教育行政管理人员学习和掌握先进的管理理念、技术和手段，以提高教育行政管理的科学性和有效性。为了实现教育行政管理的科学化，世界各国都努力采取各种措施，加强培养教育行政管理方面的专业人才和对在职教育行政管理人员进行专业培训，其中包括先进的管理理论和教育理论的学习，管理技术和手段等实践方面上的技能训练，使教育行政管理人员能够提高自己的理论素养和实践能力。比如，美国许多大学的教育学院都开设有教育行政管理专业，以培养未来教育行政管理的专业人才，同时还设有完善的在职进修制度，为在职教育行政管理人员提供学习进修的机会。法国教育部还设有行政人员教育科，专门负责教育行政管理人员的培训工作。

由于现代教育越来越社会化，许多教育问题也日益复杂化，单凭教育行政人员的经验和主观判断，往往不能解决复杂的教育问题。这就需要有专门性的教育研究机构从事各级各类教育的客观研究，以解决教育事业发展中遇到的各种问题。为此，许多国家从中央到地方，在教育的机构中设置了专门的研究机构，从事教育的各种基础研究和实证研究，以科学的理论指导教育行政工作。在中央一级，法国设有国立教育研究所，主要研究课程、教学方法、师资培养等问题。日本设有国立教育研究所，主要研究领域为教育史、教育思潮、教育计划、教育行政、普通教育、比较教育等。英国设有英格兰和威尔士全国教育研究基金会，研究范围涉及整个学校教育的内容、方法与考试。美国原先设有国立教育研究所，在联邦教育部成立后，并入该部的教育研究和发展司。这些研究机构除从事教育研究以外，还有开展教育咨询的重要任务，为教育决策提供各种指导性建议和方案，从而使教育的政策、规划、标准等，都能建立在经过专业人员研究的基础之上。

（三）教育行政改革趋向法治化

现代社会进步的一个重要标志就是法治社会的日益显现。系统的、完备的法律体系是世界许多国家进行公共行政的主要依据，作为国家公共行政的一个重要领域，努力完善教育法律、法规体系，做到教育行政管理法治化是教育行政管理改革的一个必然发展趋势。

长期以来，由于国家的教育法律、法规不健全或者对现有教育法律、法规的漠视，各级教育行政机构最高领导者的权威、经验和指令，往往是教育行政管理人员进行教育行政管理活动的主要标准和依据，这种教育行政管理的人治行为导致了教育行政管理权力的不恰当利用。为了扭转教育行政管理的人治行为，逐步走向法治化的道路，近年来，各国教育行政管理体制改革的重点就是通过教育立法，把国家的教育方针和政策以法律的形式确定下来，以保证教育行政管理的各项措施具有稳定性、连续性和权威性，从而保证和促进教育事业的改革和发展。除英国宪法外，美国、法国、德国、俄罗斯、日本等许多国家均在国家宪法中对教育行政管理制度作了原则性规定，并确立各国教育行政管理的基本结构。美国宪法中虽无教育方面的具体条文，但依据宪法第十条修正案规定，教育行政管理权为各州的保留权，而联邦政府则没有教育行政管理权。各国在宪法的基础上，还制定了一系列的法律，对有关教育行政管理方面的问题作出了具体规定。如日本的《教育基本法》《学校教育法》，法国的《高等教育指导法》，英国的《巴特勒教育法》，美国的《国防教育法》等，都是各国教育行政管理的重要依据，对各国教育行政管理逐步走向法治化道路起着重要的作用。

（四）教育行政改革趋向民主化

随着社会的不断进步和文明程度的不断提高，世界各国在教育管理活动中日益注重民主参与和民主管理，通过建立、健全教育审议制度或建立教育咨询机构，加强教育行政的民主管理，促进教育决策和教育立法的民主化、科学化，从而体现教育的社会性、公共性、公平性特征。

世界各国教育行政机关都设有种类繁多的审议或咨询机构。美国在联邦设有教育顾问委员会、职业教育审议会、成人教育审议会等十多个审议机构，各州教育行政机关也设有州职业教育审议会等。英国教育和科学部设有中央教育审议会、师资供应教育审议会、研究委员会审议会、全国地方高等教育审议会等，地方教育行政机关也设有区域性教育审议会，等等。法国除中央设有国民教育最高审议会外，还设有全国高等教育及研究审议会、全国学校配置委员会以及各类职业教育审议会等十多个审议机构，大学区教育行政机关也设有地域高等教育及研究审议会、大学区学校配置审议会、区域青年审议会等数个审议机构，地方各省的教育行政机关也设有省初等教育审议会、辅导审议会等。日本文部省设有中央教育审议会、教育课程审议会、教育职员养成审议会、产业教育审议会和学术审议会等，各都道府和市町村也设置了社会教育审议会、地方产业教育审议会和体育活动振兴审议会等审议和咨询机构。

这些审议和咨询机构对教育发展所面临的一些复杂的专业问题、教育行政管理机构的政策和行为进行研究，并把这些研究成果主动提供给教育行政机关，为其进行科学决策提供有益的参考。同时，还接受教育行政机关一些重大决策问题的咨询，提供各种意见和建议。为了充分发扬民主精神和体现民主参与教育决策的广泛性和真实性，达到集思广益的效果，这些教育审议或咨询机构组成人员除了专家学者外，也包括教职员和社会各界人士、专业团体代表等。如美国联邦教育部设置的政府间关系教育顾问委员会的成员包括民众代表、民选地方官员代表、公私立中小学代表、公私立大专院校代表和教育部官员代表，英国的中央审议会的成员包括中小学、教师协会、企业界、科学界和宗教界的代表，法国的国家教育最高审议会的成员包括国立公立学校教师代表、私立学校教师代表、教育行政代表和其他各阶层代表(政府各部、家长联合会、雇主联合会、雇员联合会)，日本的中央教育审议会的成员包括大学教育人员、中小学教育人员、新闻界和企业界的代表。设置审议会的目的在于广泛征求和听取社会各方代表的意见，协调和平衡不同利益群体的利益，防止教育决策的重大失误，监督和纠正教育行政机构的偏差，提高教育行政管理的科学化水平。

第六章　教育人力资源管理理论

第一节　人力资源与教育人力资源管理

一、人力资源的科学内涵

(一) 人力资源的定义的双重思考

关于什么是人力资源(human resource)，学术界尚存在着不同的认识和看法。人力资源这一概念最早是由美国经济学家约翰·康芒斯提出，首次将过去的“劳工等同于生产工具”的想法转变为“有价值的极高的资源”。而后，1954 年，管理大师彼特·德鲁克正式地在《管理的实践》一书中提出了人力资源的概念，并强调需要把人看作是一种特殊的资源，还要重视人的“人性面”。而后又有学者从经济学、人口学、素质观的角度对人力资源进行了界定，众说纷纭。我国学者主要从能力和人的角度对人力资源的含义进行了界定。

1．人力资源的能力视角界定

从能力的角度来界定人力资源的含义，也称为劳动能力论，偏重于强调人力资源质量的方面，持这种观点的专家和学者比较多。主要有以下几种观点：

(1) 人力资源是指能够推动整个经济和社会发展的劳动者的能力。

(2) 人力资源是指内含在人体内的一种生产能力，对经济、对社会生产活动起到决定性的作用的能力。这种生产能力的大小同劳动者的数量和质量正相关。

(3) 人力资源是指可用于人类生产产品或提供服务的技能、知识和活力。

(4) 人力资源是指企业员工天然拥有可以直接投入在劳动过程中的体力、智力、心力的总和，涵盖了知识、经验、技能、个性与品德等方面的身心素质。

总之，所谓人力资源就是指人所具有的对价值创造起贡献作用并且能够被组织所利用的体力和脑力的总和。

2．从人的视角定义人力资源

人的视角主要是从人的角度来界定人力资源的概念，偏重强调人力资源数量的方面。具有代表性的观点主要有：人力资源是指在一定社会区域内所有具有劳动能力人口的总和，包括适龄劳动人口和超过劳动年龄仍具有劳动能力，继续从事劳动的人口；人力资源是为企业提供服务，有利于企业实现预期经营效益的员工和顾客的总和。

综上所述，人力资源既可以指人，也可以指存在于人身上的各种能力，能力依附于人这个载体之上，离开人这个载体，能力也无法单独存在。

(二) 人力资源的构成

同样，人力资源的构成也可以从质量上和数量上两个角度进行分析。

1．以人力资源质量(员工能力)为切入

人力资源的构成，可以分体力和智力两方面。或者从现实的应用的角度来说，分别是体质、智力、知识、经验和技能等。

体质指身体素质，体力、体能和活力；智力指一个人的智慧程度，对工作和学习期基础性作用的能力；知识是指一个人的知识广度和知识深度；经验是指一个人过去从事过何种工作，担任过何种职务，取得过何种成绩。技能则是指一个人表现出来的可以操作化的能力，是完成工作任务的具体能力。

2．以劳动力数量为基础

宏观意义上，一个国家或地区的人力资源的构成包括以下几方面：

(1) 适龄就业人口，指处于劳动年龄之内，正在从事社会劳动的人口。我国法律规定年满 16 周岁为成年人，可以参加社会劳动和就业，60 岁为法定退休年龄，所以，我国适龄就业人口的劳动年龄为 16~60 岁。

(2) 老年就业人口，指已经超过劳动年龄，继续从事社会劳动的人口。

(3) 未成年就业人口，指尚未达到劳动年龄，已经从事社会劳动的人口。

(4) 待业人口，指处于劳动年龄之内，具有劳动能力但尚未参加社会劳动的人口。如失业尚未找到工作的求职人员或毫无就业意愿的待业人员。

(5) 就学人口，指处于劳动年龄之内，正在从事学习的人口。如处于求学阶段的大学生。

(6) 家务劳动人口，指处于劳动年龄之内，正在从事家务劳动的人口。如全职太太。

(7) 军队服役人口，指处于劳动年龄之内，正在军队服役的人口。主要指现役军人。

上述前三部分人，构成就业人口的总体，也是现实的人力资源。后面四部分是间接的，尚未开发的，潜在的人力资源，在适当的情况下可以转化为现实的人力资源。

(三) 人力资源的主要特点

至于人力资源的特点，我们认为人力资源是一种特殊资源，同其他资源相比有以下特点。

1. 工作经验的积累性

人力资源是一种有生命的“活”的资源，它以人为载体，存在于人体之中，与人的生命发展过程紧密相关。此外，人力资源生物性还表现在人力资源的再生性。人类的繁衍使人力资源生生不息；人力资源在开发利用的过程中也是一个自我更新，持续再生的过程，通过学习更新知识，通过工作积累经验，提高能力。

2. 工作能力的时效性

人力资源的形成、开发和利用受到了时间因素的限制。从人的生命周期来讲，人力资源的形成与积累需要一个过程(形成期)，当人力资源积累到足以被开发利用的时候，投入到社会生产过程中才会产生效益和效果(开发期)。而当人进入老年，其体力和脑力都不断衰退，不能从事体力或脑力劳动(衰退期)，也就谈不上发挥作用了。一般而言，最佳的人力资源开发和使用的时间是25岁到45岁。人力资源的管理与开发必须要尊重人力资源的这一特征。

3. 工作的主观能动性

人力资源之所以能区别于其他的自然资源、社会资源，最主要是因为人力资源是有目的、有计划地使用自己脑力和体力的生命体。这种特性就叫作能动性。其他资源在其被开发和利用的过程中，完全处于一种被动的地位。人力资源则不同，人具有思想、思维和情感，能主动地有意识地去利用其他资源，能创造性地提出全新的办法，加速社会的进步和经济的发展。人力资源的能动性主要体现在通过学习提高个人能力；根据爱好和特长选择职业；积极劳动，创造性地完成工作任务。

4. 工作需求的社会性

人力资源具有社会性，是指人所具有的体力和脑力尤其是脑力明显地受到时代和社会因素的影响。人既有人性的一面，也有社会性的一面，认识到人的社会性，就应当考虑到人力资源的社会性需求，只有满足了他们的这些需求才能更大地激发他们的工作热情。

二、人力资源管理

（一）人力资源管理的定义

对于人力资源管理，不同的学者从不同的角度给出了不同的定义。但就企业层面来讲，企业的人力资源管理实际上是指企业对员工的招募与录取、培训与使用、升迁与调动直至退休的一系列管理活动的总称。具体内容包括人力资源规划、工作分析、招聘与录用、绩效管理、薪酬管理、培训、员工职业生涯管理、员工关系管理等。

（二）人力资源管理的意义

1. 可以充分发挥员工的积极性、创造性

人既是经济生活的主体，同时还是社会生活的主体，因此人都会受到自己所处组织经济影响和来自社会生活环境的影响。有调查发现：按时计酬的员工每天只要发挥自己20%~30%的能力，就足以保住个人的饭碗。组织通过重视和加强人力资源管理，为劳动者创造并提供适宜的工作环境和工作制度，妥善处理物质奖励、行为激励和思想教育工作之间的关系，可以将员工的潜力充分地挖掘出来，将员工的积极性、主动性和创造性最大限度地发挥出来。

2．能够有效促进组织和社会的发展

企业组织通过人力资源管理，可以使得各生产要素之间不论在质的方面，还是量的方面，不断地得以协调，达到资源的最佳配置，不仅可以使正常的生产经营秩序得以保持，保证人力资源管理活动的各环节互相协调，相互衔接，保证人力资源管理活动与企业的战略方向和目标一致；而且由此保证了组织和社会发展目标的实现。

3．有利于管理者及被管理者的共同发展

通过对人力资源进行管理，使组织的每一员工能够对自身有一个正确的认识，更加尊重别人，创造更加和谐的关系，同时通过人力资源培训教育与开发，使得员工的理论知识和各种技能不断提高，使员工对组织和社会的适应能力不断增强。

（三）人力资源管理的模式

1．“抽屉式”管理

“抽屉式”管理是用通俗形象的表达方式来表现管理的方式，形容在管理人员的办公室的抽屉内，对职务工作都有一个明确的规范，管理人员在进行工作时，职、责、权、利相互结合，相互统一，不能有职无权，也不能有权无责。“抽屉式”在现代管理中也可以被“职务分析”。其步骤可以有以下五步：一是建立一个职务分析小组，这个分析小组由企业各个部门来组成。二是对企业内部的集权与分权关系进行正确的处理。三是通过分析企业的总体目标，对这个目标进行层层分解，对各个级别的员工职责权限进行落实。四是对各个职务工作做出明确的要求和准则，编写出“职务说明”。五是对各个工作进行考核且要制定奖惩制度。

2. “一分钟”管理

这种模式在西方企业中被采用，其成效显著。内容主要有以下三方面。

(1) 一分钟目标。就是企业职工将自己的主要目标和职责在纸上进行明确记录。每个目标及其检验标准在一分钟内可以表达清楚。这样可以使职工明确自己的工作原因、目标和方式，且便于职工进行自我检查。

(2) 一分钟赞美。也就是所谓的人力资源激励。在具体执行时，企业经理通过对职工所做的事情中的正确部分进行赞美，从而达到激励职工更加努力工作的目的，使职工的行为不断完善。

(3) 一分钟惩罚。指在做某件事情时应该做好但实际却没做好时，对有关的职员要进行及时的批评，对其指出相关错误，然后提醒他，这是器重他，只是对他此时的工作不满，由此，可以使做错的职员乐于接受批评，吸取经验，避免再出相同的错误。

(四) 人力资源管理的外部环境

许多相互关联的因素会影响到人力资源管理的发挥。企业组织范围以外，影响到人力资源的因素构成了外部环境。主要包括以下几方面。

1. 劳动力市场

招聘所在地潜在的雇员群体构成了劳动力市场。公司员工的能力在很大程度上决定了组织任务的实现。由于新员工来自公司外部，因而劳动力市场被认为是外部环境因素。劳动力市场的不断变化，使组织内的员工人数也不可避免地发生变化。反过来，组织内部人员的变化会影响组织对员工的管理方式。

2. 法律问题

另一个影响人力资源管理的重要外部因素是法律以及对这些法律的解释。这些法律因素几乎影响了所有的人力资源政策。

3. 社会

社会也可能对人力资源管理产生影响。公众不再愿意一味接受企业的行为，而开始对这些行为产生怀疑，这使得一些有不法行为的大公司浮出水面，为了维持公众的青睐，公司在实现自我目标的同时也要遵守社会规范。

社会责任与职业道德密切相关，是区分好坏、辨别正误以及处理道德责任和义务相关问题的原则。

4．工会

工会员工的工资水平、福利和工作条件可以反映出工会和管理层的联合决议。工会是以处理雇佣关系为目的、由员工共同组成的联盟。工会之所以被视为环境因素，是因为从本质上讲，工会是与公司打交道的第三方。工会以一个联合组织的形式，而不是员工个体，与管理层谈判以达成协议。

5．股东

由于股东对公司进行了投资，为了增加公司的利润，他们有时也会针对管理层的计划提出异议。目前，股东的影响力越来越大，这使得管理层不得不给出足够的证据来证明某个计划的优点，比如计划将如何影响未来的项目、成本、收入和利润，甚至是造福于整个社会。

6．竞争对手

公司在产品或服务以及劳动力市场中都会面临激烈的竞争。除非处于垄断地位，否则会有其他公司生产类似的产品或提供相似的服务。如果一家公司要想取得成功、得到发展和繁荣，必须留住能胜任工作的员工。但是，其他公司也会以此为目标。公司的主要任务就是要确保各个岗位上都能得到并留住足够数量的员工，使公司能够在竞争中获胜。

7．客户

使用公司商品和服务的人也是外部环境的一部分。因为销售是公司生存的关键，这就要求公司的管理要确保自己的员工不会与客户相对抗。客户经常要求高质量的产品和售后服务。因此，公司的员工就应该能够提供顶级产品和服务，这些与员工的技能、资历和动机直接相关。

8．技术

当今世界的技术变革速度空前迅猛。人力资源技术的发展不仅拓展了人力资源的功能，也给人力资源管理人员施加了更多压力以适应技术的发展。当前广泛使用网络来招聘和使用人力资源是一种领先的潮流，公司的人力资源管理职能正在逐步实现自动化。

9．不可预料的事件

不可预料的事件是指外部环境中发生的不能被预见的事件。不可预料的事件发生之后，许多人力资源职能有待修正。每经历一场灾难，不论是人为的还是自然的，都需要对人力资源管理系统进行大量调整。

三、教育人力资源管理

（一）教育人力资源的概念

教育人力资源管理是指教育组织运用现代人力资源管理的理念、方法和原则，对教育人力资源进行合理的配置、调控和开发，引导教师实现教育目标的过程，主要包括教师队伍的战略规划、教师岗位聘任、绩效评价、培训开发以及薪酬分配等。

（二）教育人力资源管理的功能

从教育事业自身的特点和教师独特的个性与成长规律来考虑，教育人力资源管理具有教师队伍建设规划、教师的甄选录用、教师的整合与调控以及教育人力资源的培训开发等功能。

1．教师队伍建设规划

开展教师队伍建设规划工作是教育人力资源管理的基本要求。教育人力资源规划是根据学校发展战略、学科建设与学术梯队的建设目标，对现有教师的素质以及职务、学历、年龄、专业、性别结构等因素进行分析，在预测教育发展环境的变化及教育人力资源供需状况的基础上，制订相应的人才队伍规划，包括短期、中期以及长期规划。它是实现教育战略目标的重要保证、实现教育的可持续性发展的重要基础。教师队伍建设规划是教师队伍建设的指导思想，为教师的职业生涯规划提供参照。

2．教师的甄选录用

教师的甄选录用主要是指根据教育组织中教师的人力资源规划，结合教育的学科建设目标以及学术梯队的构建等要求，以此制定岗位需求、岗位聘任条件、岗位职责以及考核目标等，并经相关学科组专家考核认同而开展的选拔与录用。它是学校不断补充新鲜血液，让教育组织充满生机活力的重要手段与职能。尤其是在当前学校“近亲繁殖”较为严重的背景下，对促进教育事业保持科研活力、保持创新有着极为重要的意义。

3．教师资源的整合与调控

教师资源的整合与调控包括以下三层含义。

(1) 教师行为规范与学校组织规范之间的同化过程。它包括教师与教师之间相互认同、协调以及教师与学校之间理念认同的过程。

(2) 资源的内部整合。教育发展到今天，已出现越来越多的新兴学科、交叉学科以及边缘学科等，学校应充分利用现有人力资源的岗位调整、研究方向的拓展，进行学科方面的开拓与建设，做到人尽其力、物尽其用，从而更好地促进学校的深入发展。

(3) 对教师实施合理、公平的动态管理过程。它包括科学合理的教师评价与考核；以评价与考核结果为依据对教师实行动态管理，如晋升、奖惩以及聘后管理等，从而给教师以鞭策，促使其不断提升和发展。

4．教育人力资源的培训开发

教育人力资源的培训开发主要指学校通过对教师的培养、培训以及个人职业发展等手段与方式，不断提高教师的教学水平和科研能力；通过岗位聘任、绩效考核、收入分配手段与方式，不断激发教师的内在潜能，引导与鼓励教师不断求变创新，使其在自身研究领域不断取得突破和发展，从而推动学校进一步发展。它主要包括对教师提供的开发计划的制订，对教师的培养和培训的投入，对教师的职业生涯进行合理规划等。在教师得到有效使用时，对教师而言，其满意感增强，劳动积极性提高；对学校而言，则表现为教师得到合理配置，学校运作高效，教学、科研及各项事业得到有效发展。

（三）教育人力资源管理的原则

教师是一个特殊的行业，在学校具有老师和普通社会成员双重身份，因而在人力资源管理中需要遵循一些特定的原则。

1．以人为本原则

以人为本是科学发展观的核心，在教育人力资源管理过程中，就是首先把教师看作一个追求自我实现、能够自我管理的社会人。因此，在教育组织中开展人力资源管理，就不能仅仅从实现组织目标的角度去关心人、激励人，而是要以人的全面发展为核心，创造相应的环境、条件和制度，以人的自我管理为基础，使人的个性、才能和潜力得到最大化的发挥。

在教育人力资源管理中，坚持以人为本的原则特别重要。其原因在于教师的劳动和工作具有特殊性，而这种特殊性是由教育教学的特殊性和教育对象的特殊性决定的。教育的对象是处于身心发展中的人。对于教师来说，要完成培养人的任务，就需要发挥他们的自主性，就需要他们运用具有创造性的、富于智慧的方式从事教育教学活动以及管理活动。

因此，只有坚持以人为本，为教师留出自主发展的空间，为他们的自主发展、自我管理创造有利的条件和环境，才能不断地推动他们的学习、探索和自我完善，进而为教育事业的发展和学生的成长奉献自身的聪明才智。

2．人尽其才的原则

人尽其才就是说在教育人力资源管理中，应该根据每位教师的才能、特点、志向和其他具体条件，为其安排相应的职务和岗位，使人尽其才、能位相称。科学管理的理论和实践表明，人们的专长和能力只有在与一定工作的职位和性质相称时，才能充分发挥。因此，坚持适才适用原则，运用各种科学方法，对教师的兴趣、才能、特点、性格、专长、优点、缺点等进行全面了解，使人尽其才、人尽其用。

坚持人尽其才原则，也意味着在用人时要扬长避短。“骏马能历险，耕田不如牛；坚车能载重，渡河不如舟”。任何人都有其长处和优点，也有其缺点和不足，只要在选拔和使用人的时候能扬其所长、避其所短，就能使每个人都成为有用之才。

3．任人唯贤原则

教育系统中教师是教育活动的主体，他们的思想素质、知识素质和能力直接关系到教育事业的发展。因此，在教育组织的人力资源管理中，必须坚持任人唯贤的原则。

任人唯贤是指在选拔和任用教师时，坚持德才兼备的标准，反对任人唯亲。对于教师来说，德才兼备就是要求他们既有德也有才。德是指选拔任用人员的政治素质、道德品质，才是指业务能力和知识结构。德和才是辩证统一的，两者缺一不可，不能偏废。只有坚持任人唯贤的原则，按照德才兼备的标准来选拔和任用人才，才能优化教育系统人员素质结构，推动教育事业发展和社会全面进步。

4．合理流动原则

人员的合理流动，有利于消除用非所学、用非所长的现象，有利于人员充分发挥自己的才能，有利于人员开阔视野、增长见识、提高水平，有利于人才的成长。同时，对于教师来说，合理流动可以克服教育领域长期形成的局限性、宗派主义和山头主义，有利于纠正不正之风，避免教育腐败。

教师的人力资源管理，一方面要坚持教师的合理流动，克服目前区域间、城乡间、学校间教育发展的不均衡问题，鼓励教师从经济发达地区向不发达地区、城市向农村、优质学校向薄弱学校的正向流动；另一方面，教师流动要以实际工作需要为主，同时兼顾他们的兴趣、爱好和实际困难，以便最大限度地发挥他们的聪明才智。

（四）教育人力资源规划的基本内容

1．教育人力资源的补充计划

学校在发展过程中，退休、辞职、解聘等常规性人事变动，会使教职员工数量自然减少。同时，学校组织规模的扩大及承担社会教育任务的增加等，往往需要增加人力资源的数量。此外，学校内部结构的调整对人力资源的质量必然提出新的要求，需要补充具有某种知识结构或技能的人才。人力资源补充计划就是以人力资源的需求预测为基础，对未来一段时间内所需要补充的人才数量、类别及补充渠道预先做出安排。

2．教育人力资源的调配计划

学校组织内人力资源的分布处于一种流动状态，这种流动形式主要有两种：一种是垂直流动，即不同职务或岗位层级之间的流动，它通常表现为晋升或高职低聘；另一种是水平流动，就是不岗位之间的流动，也称为调动。人力资源调配计划就是适应组织变化和发展的需要，通过晋升、调动等人力资源调配方式，对未来的人才分布预先做出排列和相应的安排。

3．教育人力资源的发展和培训计划

教育人力资源是一种可再生性资源，通过对人才的开发活动，可以使它产生新的资源或扩大资源的能量。开发的主要途径是学校工作设计和培训。学校可以通过有计划、有步骤地对现有教师进行分门别类的培训，挖掘现有人力资源的潜力，培养出学校组织发展所需要的合格人才和新型人才。教育人力资源培训计划就是根据学校的实际情况设计出有效的教师培训方案。培训方案包括培训需求的调研、培训项目的设计、培训方法的选择和培训成果的转化等。

4．教师职业生涯计划

教师职业生涯计划是指学校组织中的人员对职业生涯所做的安排与计划。在学校组织发展中，教师个人的职业生涯可以与学校组织发展战略目标统一起来，使学校与教师的个人发展目标同时得到实现。尤其是在学校组织发展中有重要作

用的人才，他们的个人职业生涯更应与学校组织的长远发展联系起来，并在使用、晋升、培训、奖励等方面预先做出安排。

5．学校教师退休、解聘计划

学校组织内的教师到了退休的年龄或者合同期满，或因身体、知识结构、教学技能、教学态度等种种原因，已不适宜继续与学校保持劳动关系时，应做必要的调整。退休、转岗、解聘计划就是对已到退休年龄或者不适宜在学校组织中继续工作的人员数量做出预测。

6．学校教师激励计划

为了配合学校的总体人力资源规划和各项具体人力资源业务工作的正常开展，需要与之配套的激励计划。激励计划是人力资源规划的一项重要内容，包括物质激励、精神激励及其他非货币性激励，这是提高教师的工作积极性、确保学校各项工作得以实现的保证。

上述各项人力资源规划内容是相互联系、相互影响的。如人员的调配计划，人员的退休、解聘计划与人员的补充计划相联系。人员的补充除需要从外部获取之外，还可通过内部晋升或调动等方式来填补空缺，尤其是上层职位的空缺往往是下层人员晋升后补充的。人力资源调配计划与开发计划以及职业计划相联系，晋升职务之前往往需要培训，职业计划包括晋升和培训，而这些计划的落实均需由工资、奖励计划来保证。

第二节　教师的招聘、培训以及薪酬管理

一、教师的招聘管理

（一）教师招聘的作用

1．教师招聘能够满足学校师资队伍的数量要求并提高其质量

招聘优秀教师，建设多元化的教师队伍是教师人力资源管理的核心目标与任

务。通过公开、公平的教师招聘有利于教育系统通过各种渠道吸收符合要求的优秀人才，获得学校高效发展所需要的师资数量和质量，在学校形成任人唯贤、优胜劣汰的竞争机制，促进人才的合理流动和我国教育质量的改善。

2．教师招聘是宣传和推广学校形象的一种公关活动

教师招聘，特别是外部招聘，是学校进行自我宣传和推广的一个重要机会。因为在招聘的过程中，学校需要与政府机构、高等院校、中介组织、新闻媒介等建立关系。学校需要发布关于本校的基本情况、战略发展方向、组织文化等各项信息。在与应聘者交流的过程中，把学校的形象和价值观传达给每个应聘者，这有助于学校自我风貌的展现，使社会各界更加了解学校，为学校营造良好的外部环境，从而有利于学校的长远发展。

3．成功的教师招聘能优化教师人力资源结构配置

中小学教师的人力资源结构主要包括职称结构、学历结构、年龄结构、个性气质结构等。学校在进行教师招聘前，需要对学校的人力资源配置现状进行系统的了解，并根据目前人力资源配置中存在的问题，结合学校未来的发展趋势，制订教师招聘所需求的人才数量和质量计划。一次成功的教师招聘不仅仅为学校补充了“新鲜血液”，更重要的是通过教师招聘重新审视了学校中的人才结构，对人才结构进行调整和优化，为教师质量的提高和学校的可持续发展奠定基础。

（二）教师招聘的程序

从建立中国近代师范教育制度至今，我国的教师招聘程序和方式随时代的变迁发生了很大的变化。洋务运动时期主要是依靠聘任外国教员来解决师资问题；清末新政时期是由地方教育行政部门分配师范学堂毕业生到学校任教；中华民国初期则实施的是检定制和聘任制，由学校校长负责任用教师；国民政府时期则实行了聘任制，规定了新任教师初聘和续聘的任期；新中国成立后很长一段时间，我国实行的是任命制或派任制。改革开放后随着计划经济向市场经济的转轨，我国的教师获取也开始由计划分配转向了市场竞争，开始了教师聘任制的探索，教师的招聘逐渐走上了科学化、规范化和法制化的轨道。

根据人事部2002年7月3日发布的行政规章《关于在事业单位试行人员聘用制度的意见》，人员聘用、考核、续聘、解聘等事项由聘用工作组织提出意见，报本单位负责人集体决定，其人员聘用的基本程序是：①公布空缺岗位及其职责、聘用条件、工资待遇等事项；②聘用人员申请应聘；③聘用工作组织对应聘人员的资格、条件进行初审；④聘用工作组织对通过初审的应聘人员进行考试或者考核，根据结果择优提出拟聘人员名单；⑤聘用单位负责人集体讨论决定受聘人员；⑥聘用单位法定代表人或其委托的人与受聘人员签订聘用合同。

教师招聘应该遵循上述相应的工作流程，其中主要包括：教师工作分析；招聘计划的制订与审批；招聘信息的公布；教师的选拔；最终录用。这种公开、公平的招聘制度改革指向了服务和效率的“小政府、大服务”的理念，真正做到让权、放权，在招聘的过程中秉持因事择人、公开透明、公平竞争、程序化、规范化等基本原则，不仅减少了招聘过程的主观随意性，使招聘工作更加科学合理，也有利于教育干部队伍的廉洁，减少腐败行为的产生，突出考察应聘者的能力，能够激励有志于从事教师职业的学生更加认真地学习。

具体说来，教师招聘的程序主要分为招募、测评与选拔、录用和评估四个环节，教师招聘的流程如图6-1所示。

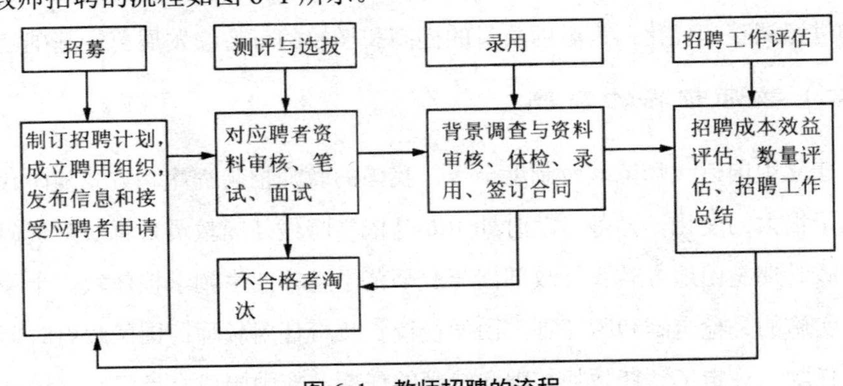

图6-1 教师招聘的流程

（三）应聘教师的测评与选拔

这一阶段主要由个人资料审核、笔试、面试三个环节构成，是获取、搜集和评估应聘者个人信息的过程。

1．初步审核资料

应聘者资料的初步审核是对应聘者是否符合职位基本要求的一种审查。这一阶段的任务是从应聘者所提交的个人资料中选出参加笔试的人员。由于个人资料和应聘申请表所反映的信息不够全面，而且大多数应聘者在所提供的资料中往往“报喜不报忧”，决策者很难进行抉择。因此决策人员在费用和时间许可的情况下，应该尽量向应聘者所在的学校或者原单位了解更全面的信息，这样可以减少初审工作的盲目性和主观臆断性。

初审阶段非常重要，因为履历中内容与事实的偏差将直接关系整个招聘的成败。假如等到录取阶段才发现应聘者的申请资料问题，将给整个组织造成显著的成本浪费，而且也给当事人造成不良的心理影响。

2．笔试

经过初步筛选合格的应聘者接下来要应付诸多测试，这些测试大多与应聘者今后的工作相关联。其中，笔试是使用频率非常高的一种测试方法，它省时、成本低、效率高，对求职者专业知识、能力的考查信度和效度较高。教师招聘中，由于教师工作的特殊性，笔试的内容可包括四大模块：一是心理学、教育学、教育心理学等必备的教育理论知识，因为这些知识能够对今后的教学工作发挥重要的指导作用；二是对专业知识的考查也应是笔试非常重要的组成部分；三是一些时事政治方面的内容；四是心理测试的内容，因为教师的心理健康不仅影响教师的教学质量，而且直接影响学生的身心健康。因此大多数学校把笔试作为进入面试阶段的第一道关口。

根据笔试的成绩，按照分数高低进行排列，通常以 1∶3 或 1∶5 的比例进入下一环节。

3．面试

面试主要分为试讲和答辩两个环节。试讲是考查教师教学能力最有效的方法。

在试讲中，学校往往会让教师提早半小时至一个小时抽签，在指定的地点备课，半小时至一个小时后进行15~20分钟的模拟情境无学生状态下教学片断试讲。试讲过程中，要考查应聘教师板书是否主次分明，井井有条；声音是否洪亮，语调是否抑扬顿挫，语言是否流畅、富有节奏感，是否面带微笑并伴随一定的肢体语言。答辩是评委对教师的讲课进行提问，也可借此机会对教师的专业知识、综合能力等各方面进行全面的考查。而应聘教师在回答评委问题的时候也应该秉持落落大方、实事求是的原则，积极和评委沟通，尽量给评委留下更好的印象。

（四）教师的录用

1．背景调查与资料审核

通过选拔阶段的一系列程序后，经过教师招聘负责小组的讨论，确定预录用的人员，并进行资格审核和体检工作。背景调查与资料审核是为了再次考查胜出的应聘者的个人简历中教育背景、身份证明、各种证书、先前表现等的真实性。主要目的是为了确保能甄选到符合要求的、更优秀的应聘者。

2．体检

体检一般是在求职者所有的测试都通过以后，在正式颁布录用通知书之前进行的，目的是确定求职者的身体状况是否符合职位及环境的需求。关于体检工作，教育部《教师资格条例》实施办法第十三条规定，体检项目由省级人民政府教育行政部门规定，其中必须包含“传染病”“精神病史”项目。这就是说，目前我国还没有入职体检方面统一的国家标准。而各个省的标准之间有较大的差别，其中也存在一些问题，比如安徽、陕西、江西等省规定的某些肢体方面的残疾限制就与我国《就业促进法》“用人单位招用人员，不得歧视残疾人”的规定相抵触。

3．决定录用

经过上述一系列的程序，对于通过学校资格复审和体检的教师就可以发出正式录用通知，并与被录用的教师签订劳动合同，明确双方的责、权、利。

需要说明的是，“即便是签订了用人协议书，也不能最终确保人才已成为组织的成员，原因在于由于人才流动的影响，求职者对于学校组织也有一个选择的问题”。因此，学校人力资源管理者应该做好毁约的应对措施。对于最终没有录用的教师，可以考虑将适合的对象纳入人才资源库，作为备选人才。

（五）教师招聘工作的评估

教师招聘工作的评估是指在完成招聘各个阶段工作的基础上，对整个招聘活动的过程与结果进行总结和评价，撰写评估报告，检查是否达到预期的招聘目的。其作用在于，通过成本和效益的核算，使招聘人员掌握与分析招聘费用的开支情况；通过录用教师数量的评估，分析在数量上满足或不满足需求的原因；通过录用员工质量的评估，改进招聘方法，并为新入职教师的培训提供依据。教师招聘工作的评估包括招聘成本效益评估、录用教师的效率评估和招聘工作总结等内容。

1．招聘成本效益评估

招聘成本效益评估是对招聘成本产生的效果所进行的分析。招聘总成本是招募、选拔、体检、录用、安置等所有成本的总和，由两部分组成：一是教师招聘人员的福利及加班费等，二是招募期间业务费，具体包括广告费、录用前体检费、电话费、差旅费等。录用期间的费用，包括参与录用人员的工资奖金、参与录用人员的培训费用、倘若被录用教师不合格时二次招聘的费用等。招聘总成本常常与录用人数呈正比。招聘成本效益评估可以通过如下指标来分析衡量：总成本效用=录用人数/招聘总成本；招募成本效用=应聘人数/招募期间的费用；选拔成本效用=被选中的人数/选拔期间的费用；人员录用效用=正式录用的人数/录用期间的费用。

2．录用教师的效率评估

录用教师的效率评估则是根据招聘计划对被录用教师的质量和数量进行评价的过程。可参考的具体评价指标有：第一，录用比。录用比=(录片人数/应聘人数)×100%。录用比可以一定程度上反映录用者素质的高低录用比越小，说明录用教师是从更多应聘者中选取的。第二，招聘完成比。招聘完成比=(录用人数/计划招聘人数)×100%。如果该值等于或大于 1，则说明在这次招聘完成或超额完成了招聘计划。第三，应聘比。应聘比=(应聘人数/计划招聘人数)×100%。应聘比反映了招聘信息发布效果的好坏，应聘比越大说明招聘信息发布的效果越好，录用教师的选择面越广。

3．招聘工作总结

招聘工作总结一般指的是整个招聘活动结束以后，对招聘工作的回顾性的记录及相应工作的分析总结。主要是通过撰写总结报告来对招聘工作的全过程进行记录和经验总结，并对招聘活动的结果、经费支出等进行评定。主要内容有：招聘计划、招聘进程、招聘结果、招聘经费、招聘评定。招聘工作的总结应该秉持真实客观的原则由招聘主要负责人亲自撰写，明确指出招聘中的成功之处和不足之处，为今后招聘工作的改进提供依据。

二、教师的培训管理

(一) 教师培训的原则

教师的培训必须遵循相关的原则来进行，不能盲目地进行。一定的原则可以确保培训工作有序开展。

1．激励原则

激励是在任何的培训中都会涉及的。个人激励是对个人进行的激励，团体激励是对一个组成的全体成员的一种为达到一定的目标的激励。教师的培训，也是一种组织的激励，教师的成员需要的就是通过培训获得一种组织的激励，从而实现自我价值和个人目标。激励在个人成长和任何阶段，都是一种非常重要的方法。同时，在使用激励的方法鼓励教师的时候应该从这两方面进行：全员激励和感情激励。

(1) 全员激励。对于教师的激励方法，必须是适合大众的，不应该是针对某一个具体的人的方法，而且这个方法还必须是能够长期、全过程都能进行的，不能只对某一个人有利，也不能只适合某一个阶段，即应贯穿整个培训过程的各个阶段，同时还必须保证培训工作能够不断向前发展。在任何的活动中，激励都能在困难的时候凸显其重要性，为的就是使人们在活动中始终保持热情和干劲。

(2) 感情激励。培训不只是传授知识的过程，同时也是一种老师与学生进行情感交流的过程。情感的激励带有明显的选择性，人们往往愿意接受自己喜欢的东西，而感情又引导自己的情绪。尤其是对于学习不太好的学生，感情激励更重要，所以，对于教师的培训，相关的老师，应该重视与教师学生的感情培养，时刻关心他们，爱护他们，这样才能激发起奋斗的热情。具体的激励措施和办法有以下几条。

1) 目标激励方法。有了目标，才能明确行动的方向。对于学校的领导，应该把教师的工作相关政策告诉大家，让大家明确形势，提高整体形势的认知。主体的意识与个人的行动有机结合的时候，才能更好地达成目标，过程中的努力度和积极性才能充分地发挥。

2) 榜样激励方法。人们都比较喜欢受到崇拜，同样，人们也善于学习他人的言行，所以，对于教师的培训应该采用榜样的方法，激励其学习。榜样的力量是无穷的，人都有上进心。培训的老师和领导应该自身树立好榜样，让教师学生进行学习和效仿。

3) 利益激励方法。对于教师的培训工作也可以与利益相结合，鼓励和引导人们参加培训。教师培训的引导者应该从利益点出发，把个人的利益与教师的培训紧密相连，使人们从心中自觉地参加培训。很多的时候，经过培训的与没经过培训的一定要严格地区分开来，不能一概而论，对于经过培训的，有了资格证的，可以优先考虑；经过培训的，可以在待遇这方面有所提升，主要就是让培训的结果与利益挂钩，这样可以激起教师的培训欲望，增加培训的主动性和积极性，把学习变为主动的接受；同时也可以通过减免学费和培训费的优惠政策，鼓励教师参与各种培训，不断拓宽他们的知识面，提高他们的管理能力和学术水平。

4) 集体激励方法。集体激励法是通过提高自觉性和积极性的方法，这里涉及的是在一个集体中个人所获得的荣誉感和责任感。在班级中开展不同形式的比赛，在学生之间通过比学习、比纪律、比成绩的形式，达到培训的目的，这个过程不仅可以加强学员之间的关系，还可以提高整体的培训水平。集体激励法还包括要让培训者主动地制定目标和参与讨论。除此之外，还可以一步一步来进行，刚开始设计比较小的目标，再设计较大的目标，这样可以让学员在完成一个任务后，能够获得自信心和成就感，这也有利于后期更多的目标的实现。

2．职业定位原则

教师的培训，一定要结合教师的职业发展方向和职务的内容。教师的工作任务应该按照国家和社会的要求，明确其自身的责任和义务。教师在学生的教育中担任了很多的工作，他们既要搞好学生的日常的学习和生活，同时还要时刻关注学生的思想政治教育。教师一方面要对学生的思想品德教育起到辅导和教育的作用，另一方面还要做好学生的心理咨询，帮助学生解决心理上的困惑和难题，同时，还需要管理好班级等的日常事务，起到服务的作用。

我国现阶段的教师面临着重大的挑战，学生普遍受到政治、经济全球化，还有各种网络信息的影响，他们的心理和思想也受到各种各样的因素的影响，这就加大了教师工作的难度。面对着这些困扰，必须加强对教师的培训，密切结合教师职业发展定位，为教师点明职业发展的方向，促进他们对职业全面认识。

3．个体差异原则

每一个人自身都有区别于他人的不同特点，教师也是一样的。因为其自身有着不同的目标、理想，同时在文化程度、理解程度上也是不一样的，再加上有的人年龄大，阅历深，有的则因为年龄小，阅历浅，所以，这就决定了对于教师的培训工作，不能按照一个标准来进行，而应该坚持个体差异，区别对待的原则，根据各自的特点，做到因材施教，因人施教。

4．实用性原则

教师的培训不能只重视知识和理论的学习，还应该注重实践能力和方法的培养，帮助其领会具体工作的内容和意义，将培训与实际工作紧密结合。实践性原则的出发点就是从具体工作中出发，培养各种工作能力，提高教师的工作水平和技能。

5．效果反馈和结果强化原则

对于培训的过程、内容和结果，我们一定要采用透明化的原则，及时地反馈给培训者，让他们能够及时准确地掌握自己培训的内容和进程，以及获得的结果。反馈的内容包括日程表、内容表、程度表、考核的内容表、考核的结果表等。这种结果和内容的反馈，可以让培训者及时地了解自己学习的效果，增强学习的信心和动力，从而提高学习的积极性。

培训结果强化是对培训者好的行为进行鼓励和表扬，对坏的行为进行摈弃和纠正。对表现好的可以通过发奖状、奖金，授予学习模范光荣称号的方法进行强化激励；对不正确行为给予批评和惩罚。但是，我们一般要采取多表扬，少批评的方法，尽量从正面和侧面来鼓励培训者，帮助其树立正确的观念和方法。这种强化和激励的方法在培训的任何过程中都能进行。

6．时效性原则

学校的需求与培训者个人的发展是教师开展培训的依据。教师培训的工作必须顺应院校发展和对教师综合能力和素质的要求，时刻关注个人发展的需求之所在，做到及时调整辅导的方针、政策、制度和方向，坚持贯彻时效性原则。具体就是说，不能在培训目标方向、培训的主题和课程设置方面千年不变，应该结合学校发展和个人需求，及时作出调整，尤其是其内容方面，一定要及时调整，及时更新。现在的社会是一个飞速发展的大社会，信息的高速传播，技术的日新月异，都在时刻的影响着人们，所以，这也就要求教师所掌握的知识和技能应该不断地更新和提高，否则很有可能落后于别人，与现实拉开差距，逐渐就会被淘汰。培训的最终目的就是能让培训者改变思维方式和传统技能，所以培训的内容和课程学习方面必须坚持时效性原则。

（二）培训方法的选择

1．演示法

演示法是将受训者作为信息的被动接受者的培训方法。这种方法有点类似于教师们经常采用的班级授课法，主要包括讲座法和视听法。

(1) 讲座法。讲座法是指主讲教师用语言来表达和传授培训内容的方法。这种学习的沟通主要是单向的。其优点是成本低廉、节省时间，同时又可以按照一定的组织形式有效传递大量信息。讲座法一直是组织培训中比较受欢迎的培训方法，也是教学中常常采用的方法，即班级授课法。但讲座法的不足之处也非常明显：缺少受训者的大量参与，缺少反馈，缺少与工作实际环境的密切联系，可能会阻碍学习和培训结果的转化，不容易吸引受训者的注意力等。

(2) 视听法。视听教学主要包括摄影胶片、幻灯片和录像，其中录像是最常用的方法之一。在培训中使用录像有许多优点：

1) 节约培训成本，录像材料可以反复使用。

2) 培训者可以重播、快放或者慢放课程内容，使得培训者可以根据受训者的专业水平来调整培训内容。

3) 使受训者可以接受前后一致的指导。

4) 受训者可以根据自己的学习能力来决定学习的难度和内容。

视听法的缺点是缺乏教师的指导，缺乏学员的参与和讨论，也难长期地吸引参训学员的注意力。

2. 传递法

传递法主要包括情景模拟、案例研究和角色扮演三种方法。

(1) 情景模拟法。情景模拟法是一种模拟教育教学工作中真实生活情况的培训方法，受训者的决策结果能真实地反映教育教学工作岗位上发生的实际情况。模拟是在一个人造的、没有风险的环境下进行的，因此常常用来培训学校管理技巧和人际关系技能、教师的课堂控制和激励能力，也可以用来培训教师的课堂教学设计能力等。

(2) 案例研究法。案例研究法是将从实际工作中收集的具有典型研讨价值的实例编制成供培训使用的案例，通过受训者研究和讨论，提高他们处理问题、解决问题能力的一种培训方法。案例研究法有明显的优点：它来源于实际，面向实际工作情景，内容丰富，不指明答案，学员可以进行自由的讨论和大胆创新；讨论过程中，学员可以相互交流经验和体会，相互启发。但案例研究法是一种培训成本较高的方法，从选题、寻找资料到教材的编辑都要花费较多的时间和精力，而且在案例讨论的组织中也需要一定的技巧才能激发参与者的热情。

(3) 角色扮演法。角色扮演法是让受训者扮演分配给他们的角色，从而使受训者达到相应培训目的的方法。为了使角色扮演有效，在扮演前，培训者首先要向参与者说明活动的目的，使他们感受到活动很有意义，更愿意去参与学习。在活动过程中，培训者要监管活动时间、受训者的感情投入程度及各小组的关注焦点。在扮演后，提问是很重要的，应该相互讨论各自的认识和体会，以及角色扮演和实际工作情景的联系。

3．团队建设法

从团队建设的角度来看，培训可以采用冒险性学习、团队培训、行动学习的方法。

(1) 冒险性学习。冒险性学习主要是利用有组织的户外活动来开发团队的协作和领导技能，因此冒险性学习又叫户外培训或野外培训。它最适用于开发与团队效率有关的技能，如自我意识、问题解决、冲突管理和风险承担等。

(2) 团队培训。团队培训是指通过协调一起工作的个体的绩效，从而实现团队共同目标的培训方式。在团队培训中可以使用交叉培训和协作培训。交叉培训是让团队成员熟悉并实践所有人的工作，以便在有人暂时离开团队后其他成员可以介入并取代他的工作。协作培训是指对团队进行的如何确保信息共享和承担决策责任的培训，以实现团队绩效的最大化。团队培训一般采用多种培训方法，如讲授法、角色扮演、模拟培训等。

(3) 行动学习。行动学习是指给团队或工作群体一个实际工作中面临的问题，让他们合作解决，并制订出一个行动计划，然后由他们负责实施这一计划的培训方式。行动学习的培训方式，参与的成员来自组织的各个层面，要针对组织中实际面临的问题。欧美一些组织在培训中多采用这一方法，许多人认为这个方法似乎可使学习和培训成果的转化达到最大化。

（三）教师培训的内容

培训和开发计划的实施包括培训的人数、内容、时间、方式、地点等。学校要根据培训规划，制订年度培训计划，使培训工作走上制度化、规范化的轨道。就培训内容来说，新教师的培训和在职教师的培训是不同的。

1．新教师的培训

学校的新教师往往来自四面八方，思想观念不尽相同。据此，首先要进行人生观、世界观的教育，把他们培养成政治强、业务精、纪律严、作风正的队伍。在这个基础上，还要进行学校文化的系统教育。通过教育，抓出良好的作风，树立起学校自己的文化理念。可以通过教职工手册向新教师介绍整个学校，手册的内容可以包括学校的组织、政策、程序、规则、教职工福利项目等。对工作时间、加班、加薪、付薪时间、请假、旷工、个人仪表、纪律及提出投诉的程序等都要有明确的规定。

新教师培训还需要指导他们寻找合适的自身发展定位，了解学校，了解自身的强项和不足，然后确定发展方向，并与学校的发展相吻合。给予教师获得工作所需的知识和技能的机会，会使学校获得更有用的资源。

2．在职教师的培训

学校在职教师培训的内容主要有思想道德教育、学校文化培育、岗位知识培训和岗位能力培训等四项。后两项是学校在职教师培训的重点。在职培训可以脱产培训，也可以参加短期培训和校际交流。学校应鼓励参加专业性会议以及注册学习大学课程，对有发展潜质和发展前途的人才，送出去深造也不失为一种好办法。当然，培训的内容要有针对性和前瞻性，既有实用性，又有当今科学前沿的知识介绍。在今后的人力资源管理中，应将各类人员参加培训的情况作为考核的内容之一，列入申报专业技术职务和竞争上岗的资格条件。

（四）培训效果的评估

每次培训后，学校需要运用不同的方式对培训进行评估和反思，如设计一些问题以问卷的形式发给教师，由教师作出回答，也可利用访谈的形式，了解教师培训后的感受以及进一步改进培训方法的建议等。培训的组织者要注意各方面的反馈信息，注意梳理培训中存在的问题，思考解决这些问题的对策，设计以后培训的思路，以便及时调整培训活动。学校培训项目效果的评估要从学校的实际出发，力求方法简单、易于操作。常用的方法主要有以下3种：

1．训后考核法

在培训结束时就进行考核，对培训的内容进行考试或考核，结合学员平时的学习表现进行，也可以要求参训的教师写出培训小结，总结教育观念、专业知识、教学技能等方面的感悟和体会。

2．回任工作考核法

回任工作考核法是在培训结束后，过一段时间再对参训教师的教育教学工作情况进行考核的方法。一般可以采取问卷调查、实地观察或教师自我总结的方法来评估教师培训后的收益。这种方法实施的关键是进行前后的对比，即与培训前的需求进行比较。

3．控制实验法

在评价培训效果中使用的最佳方法是控制实验法，这是检测培训项目收益较正规的方法。在控制实验中，用一个培训组和控制组(非培训组)来进行两组的前后对比研究，以评价培训对学员产生的影响。如在学校中推行某种新的教学方法，可以采取此种方法来比较研究，即参加该种教学方法培训的教师其教学效果是否高于那些没有受训的教师。

三、教师的薪酬管理

(一) 报酬与薪酬

报酬和薪酬都是受雇佣方通过自己的劳动获得的经济收益，但二者并不是同一个概念，在进行薪酬管理研究之前我们有必要对二者进行一个明确的区分。

1．报酬

报酬是一种经济收益，一般来讲一位员工由于为某一个组织工作而获得的所有有价值的东西我们都称为报酬。按照不同的分类标准报酬主要有以下几种类型。

(1) 经济性报酬和非经济性报酬。经济性报酬和非经济性报酬最明显的特点就是报酬本身是否以金钱形式提供。经济性报酬通常包括员工所获取的各种形式的薪资和福利；非经济性报酬则包括自身素质的提高、更好的发展机会、参与决策的机会、特定的个人办公环境、工作地点的交通便利性等非经济性获益。

(2) 内在报酬和外在报酬。内在报酬对劳动者产生内部激励，外在报酬产生外部激励。内在报酬与外在报酬的划分与工作特性理论有着紧密的联系。一般来讲，薪资、福利、宽大的办公室等属于外在报酬，富有挑战性的工作机会、职业发展的机会、成就感等属于内在报酬。

2．薪酬

薪酬的本质是组织为员工劳动提供的回报或报酬。[①]薪酬与我们每个人都息息相关，各国的学者也对薪酬做了各方面的研究，但是一直以来薪酬的定义并没有一个统一说法。参考各国学者的研究成果并结合我国的具体国情，我们认为薪酬是指员工因为雇佣关系的存在而从雇主那里获得的所有各种形式的经济收入以及有形服务和福利。在实践中，通常把薪酬与福利两部分之和称为总薪酬，并且将薪酬称为直接薪酬，而将福利称为间接薪酬，同时把直接薪酬划分为基本薪酬和可变薪酬两大部分。

一般来说，企业员工薪酬由基本工资、奖金和福利三部分构成。

(1) 基本工资。基本工资是企业向员工提供的保障性工作报酬，它根据员工所承担或完成的工作本身的劳动强度、员工自身的素质和能力以及工作资历等确定，具有比较高的稳定性。

基本工资是薪酬的重要组成部分，体现着员工自身的价值。由于企业状况的不同，员工的基本工资可能会与行业水平存在或多或少的差距，其主要原因是员

① 王少东，张国霞，邓瑾，等．企业人力资源管理[M]．北京：清华大学出版社，2012：160.

工的内在价值与外在价值之间产生了冲突，这是企业薪酬体系设计中着重需要解决的问题。在同一企业中，由于不同员工在知识、技能、资历和业绩等方面不同，因此即使在同一个岗位上进行工作，他们的薪酬也会存在很大的不同。一般来说，对于从事相同工作的员工来说，经验丰富的老员工的薪酬都要高于新员工。企业基本工资差异的设置目的在在于尊重和保护老员工的利益，同时激励经验不足的新员工。

(2) 奖金。奖金是奖励性报酬的性质，是企业对员工超额劳动部分或劳动绩效突出部分所支付的报酬，以绩效标准作为支付依据。奖金的获得有一定标准，如果员工或者团队能够达到企业先建立的标准，那么他们就可就拿到这一部分激励性报酬(如全勤奖、绩效奖金等)。不同于基本工资的稳定性，奖金在薪酬的整体构成中属于变动性较大的薪酬类型，其主要的目的是激励和刺激员工的积极性。

(3) 福利。福利是企业为提高员工的好感度和忠诚度而设置的一种报酬形式，它是报酬的重要组成部分，大多表现为非现金收入和非劳动收入，通常采取间接支付的发放形式，是一种普惠制的报酬形式。作为工资的附加部分，福利并不反映在员工所获得的直接薪酬之中，也不以货币的形式出现，所以员工在对总体薪酬的公平性进行评价时，福利常常被低估。实际上福利对改善员工的工作和生活状态，保证员工的身心愉悦有重要的作用，因此，企业会努力地使其员工认识福利的价值。

(二) 教师薪酬的影响因素

教师的薪酬水平受到内外多种因素的影响，例如绩效、努力、资历、技能和工作要求。一般来说，影响教师薪酬水平的主要因素有三类：教师个人因素、学校内部因素和社会外部因素，每类因素又包含了多个影响要素，如图 6-2 所示。

教师薪酬的来源主要依靠教育经费，而学校的教育经费主要来源于国家财政拨款以及学费收入、社会捐赠等，不同类型的学校，国家投资的额度有所不同。大学的经费来源是多渠道的，除了国家和地方的投入外，还有学生的学费、社会的捐赠、学校的创收等，但国家的拨款则是最重要的来源。公立中小学校的经费基本上来源于国家财政和地方财政。民办学校的经费主要来源于学生所交的学费。

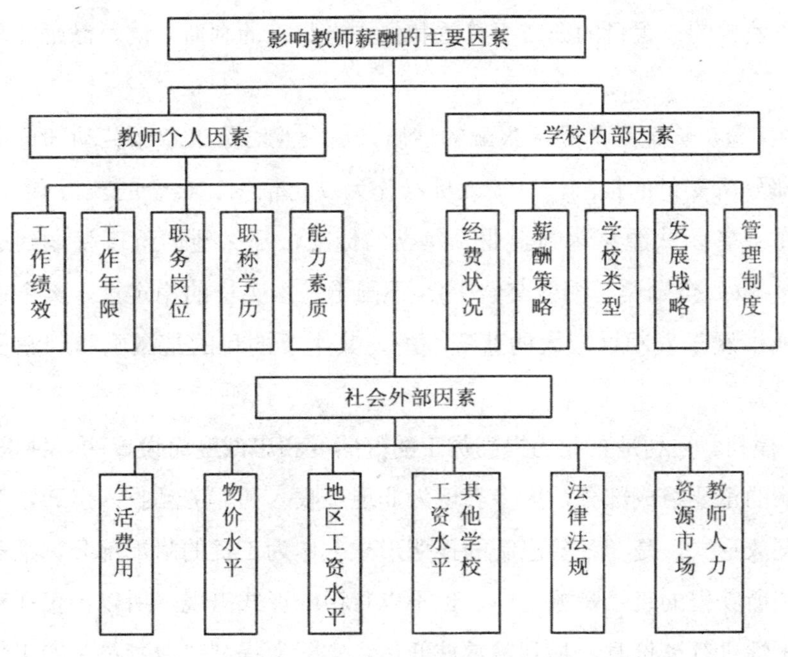

图 6-2　教师薪酬的主要影响因素

（三）教师薪酬管理的基本流程

学校的薪酬制度与管理系统是否能够正常运行，发挥正常功能，在很大程度上取决于学校薪酬管理的流程是否科学、有效。从图 6-3 中可以看出，学校的薪酬管理立足于学校的发展战略和人力资源战略，以教师人力资源市场为依据，在考虑到教师所从事的教育教学工作及所要求的资格条件的基础上，再加上团队对于教师个人的绩效评价，最后才形成学校的薪酬制度与管理系统。这种薪酬制度与管理系统必须达到外部竞争性、内部一致性、成本有效性以及合理认可教师的贡献、遵守相关法律规定等有效性标准。

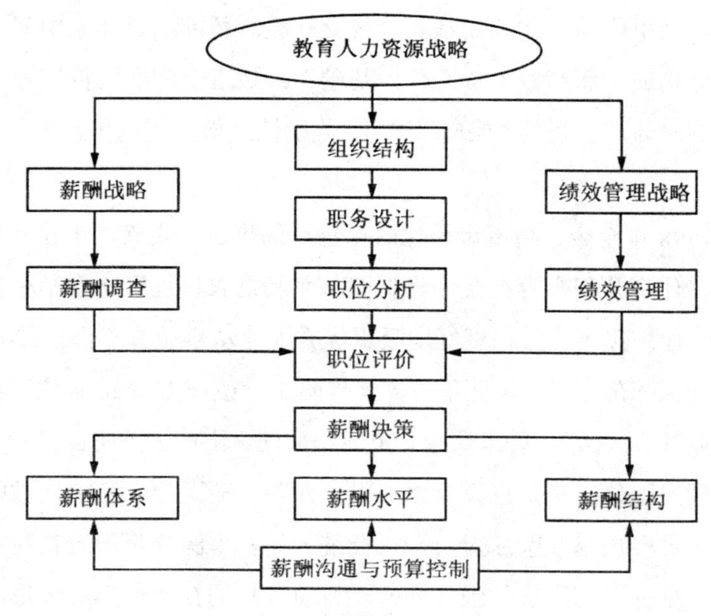

图 6-3　薪酬管理流程

(四）教师绩效薪酬的改革优化

新中国成立以来，我国教师的工资制度经历了供给制工资、职务等级工资、结构工资、绩效工资等不同分配阶段。教师工资制度的形成与当时的政治、经济、文化条件密切相关，是具体时代的产物。目前我国正在实施的教师绩效工资改革也正是为了适应时代的变化而兴起的新一轮教师工资制度的调整和变革。

2006 年，人事部、财政部、教育部印发《高等学校、中小学、中等职业学校贯彻(事业单位工作人员收入分配制度改革方案)三个实施意见》，要求高等学校、中小学、中等职业学校实行岗位绩效工资制度。岗位绩效工资由岗位工资、薪级工资、绩效工资和津贴补贴四部分组成，其中岗位工资和薪级工资为基本工资，执行国家统一的政策和标准。2008 年年底，国务院常务会议通过《关于义务教育学校实施绩效工资的指导意见》，规定从 2009 年 1 月 1 日起在全国义务教育学校实施绩效工资，确保义务教育学校教师平均工资水平不低于当地公务员平均工资水平。2010 年 7 月发布的《教育规划纲要》，也明确落实教师绩效工资，改善教师地位待遇，吸引优秀人才长期从教、终身从教。新的工资体系由基本工资和绩效工资两部分构成，而绩效工资又分为基础性绩效工资和奖励性绩效工资。基础性绩效工资突出体现工资的“保健”作用，奖励性绩效工资则重点发挥绩效的“激励”功能。

另外，1998 年至今，随着市场化改革进程的推进，我国逐步建立、健全教师医疗、养老、住房公积金等社会保障制度，尤其是农村地区建立学校教师周转宿舍，实现教师住房优惠政策，更好地吸引优秀人才从事教育工作。2009 年，国家人力资源社会保障部下发《事业单位养老保险制度改革方案》，提出“事业单位养老保险与企业基本一致”，要求广东、上海、浙江、山西、重庆试行改革，其他省市教师仍是颁发退休工资，也没有参加失业保险。而医疗保险中，教师与公务员等事业单位人员参加基金医疗保险，执行统一的基本医疗保险政策和待遇标准，并在此基础上享受不同层次的医疗补助。目前教师的社会保障既未形成符合教师这一特殊事业单位职员的体系，也未纳入国企职工的保障体系，仍是参照公务员执行。与教师等事业单位人事制度改革所匹配的社会保障制度仍在试点探索中。

第三节　教师职业生涯管理

一、职业生涯的定义

职业生涯通常也被称为职业发展，从定义上来看职业生涯有广义和狭义之分。

广义的职业生涯是伴随着职业兴趣的产生开始的，就业准备、职业选择、工作就职，直至最后完全退出职业这样一个完整的人生过程。因此，从广义上来说职业生涯从我们一出生就开始了，一直持续到我们失去劳动能力。

狭义的职业生涯，仅指直接从事职业工作的这段时间，也就是从就业到退休这段时间。根据狭义的职业生涯定义，一个人的职业生涯是从接受职业教育培训开始的，经过择业、就业直至完全脱离职业工作完成自己的整个职业生涯。

两种含义的职业生涯考察角度不同，但有共同的规律：

(1) 职业生涯是个体的行为经历，并且是个人的工作任职经历。

(2) 职业生涯规划与每个人的知识、技能、能力、兴趣、价值观等息息相关，又与企业提供自身的发展目标、政策、计划、机遇等紧紧相连。

(3) 职业生涯实质上是一段特殊的时间概念，并且由于个人的工作和性格特质的差异，每个人的职业生涯长短也不一样。

(4) 职业生涯是一个发展的动态的概念，包含了职业选择、发展以及变更的整个过程。

二、教师职业生涯个人人格的完善

教师职业是一种十分重要的职业。“学高为师，身正为范。”“教书育人，为人师表。”这是对教师职业特征的概括和要求，也是教师人格的基本要求和精华。

(一) 教师职业生涯人格

所谓教师职业生涯人格，是指教师作为教育职业活动的主体，在其职业劳动过程中形成优良的情感意志、合理的智能结构、稳定的道德意识和个体内在的行为倾向性。

教师人格，大多认为是师德的简称，这无可非议，因为师德恰是教师人格的核心因素。不过，从教师承担的社会重任、社会角色的地位和社会对教师人格的期望评价以及众多优秀教师的素质表现，不难看出：教师人格已远远超出了教师职业和一般道德范畴，它不仅含有师德，也含有世界观、人生观、价值观、政治立场和态度、法纪观念、学识风范和行为等，并将社会上普遍需要的这些优良品格、思想、情操、才学、气质等集于一身，在教书育人的过程中展现出来，这是融进了职业理想、职业情感、职业规范和道德以后的人格，是教师从事教育工作所必需的。古人云：师者，人之模范也。教师不仅是知识的传授者，而且是信息鉴别者、思想教育者和道德示范者，应该是“人类灵魂的工程师”。因此，教师人格又是一定的社会政治制度、物质经济关系和文化道德因素交互作用下，通过教师个体所体现出来的道德品格、精神素养、价值取向和行为方式的综合体。

(二) 教师职业生涯人格的特质

教师人格是一种职业人格，教师的工作对象不是“人-物”系统，而是“人-人”的关系，因此，教师人格除了一般人格的共性特征之外，还具有与普通成人的人格的不同之处：

1．外倾的人格特征

教师花费大量时间置身于学生之中，他们接触的是活泼、朝气蓬勃、具有很强的活动力和受教向师性的青少年，他们基本的交往工具又是语言，于是就形成了好交往(侧重与青少年的交往)、健谈(是知识和思想的阐述而非社交性的应酬)、热忱乐观(这也是工作时的基本态度)等职业特征。在教育过程中，教师的思想、学识、品德都富有表现意义，他们的职业需要的是不间断的表述和流露，因此，其知识和思想不能是内向的，而应是外显的，不管在“言传”中还是“身教”里都具有外倾的特征。但教师的人格特征又不是典型的外倾型人格。他们外倾而不乏内省，外露而不易冲动，在学生中活动而不失严肃，做事着重道德价值而不乏责任感，由此可见教师的人格特征是很难用心理学家提供的某种类型来概括的，它综合了人格中良好的部分，经过了人格特征的扬弃，保留了一种人格类型中的积极因素，克服了这种类型的不良影响。

2．稳定的情绪

教师的工作面临着诸多不稳定的因素，如果教师同样以不稳定的情绪相应对，便不能称为教师，而是伙伴。少年儿童活跃期的情绪色彩非常浓郁，教师接收信息后的反应是经过选择、控制的，这就要求稳重。不然，教师自身应接不暇，随波逐流，就会使人格顺应不良，出现苦闷、急躁以致情绪失调。

3．倔强性低于普通人

教师很少具有倔强性的典型特点。教师不同于法官，他不表现为坚定、冷峻、倔强、固执和不近人情。性情随和、体谅和同情是教师职业成功的必备条件，教师性格如果古怪、孤僻、冷淡，一定会导致失败。

4．自我隐蔽高于普通人

表现为教师角色受到周围，特别是来自学生的约束，其内心生活变得更具有潜在性。

（三）教师职业生涯个人人格的完善

教师健康的人格特征突出表现在如何对待教育工作，怎样对待所教学生。其中，教师性格特点对学生的影响不容忽视。如果教师经常为不良的情绪所困扰，就会把烦恼、怨愤迁移到学生身上。如长期患病、婚姻失败、人际关系不合等，都可能使教师上课无精打采，一旦工作不如意时，就大动肝火。所以，高"情商"的教师首先要善于控制与疏导自己的情绪，不在不适当的时候对学生生气、发怒。马卡连柯以自身的体会为教师树立了榜样，他说："我从来不让自己有幽怨的神情和抑郁的面容，甚至我有不愉快的事情，我生病了，我也不在儿童面前表现出来。"

1．完善教师职业生涯人格的重要性

美国学者所罗门教授说："在个体人格发展方面，教师的影响仅次于父母。一个孩子如果拥有甜蜜的家庭，享有父母的爱，又得到一个身心健康的教师，那是无比幸福的。相反，如果他既不能由父母那边得到足够的关怀与爱护，又受到情绪不稳定教师的无端困扰，必将造成许多身心发展的问题。"许多研究表明，教师的学历、知识水平和学生成绩并没有必然联系，并且年龄越小的学生越容易接受教师语言态度、行为习惯的影响。教师人格是教育事业的关键。在当前由"应试教育"向"素质教育"转变的过程中，教师人格显得尤为重要。

(1) 教师人格体现了素质教育的本质要求。素质教育从本质上说，是以提高全民族素质为宗旨的教育，思想政治素质是最重要的素质。不断增强学生的爱国主义、集体主义、社会主义思想，是素质教育的灵魂。而教师人格则内在地规定了教师应成为学生政治思想的领路人，道德品质的塑造者。为人师表是现代教师人格的集中体现。凡是人们公认的优秀教师，都是思想品德高尚、言行堪为学生

表率的教育工作者。学校是培养“四有”新人的场所。家长把子女送到学校，不但是为了让其学习知识，而且是为了让其学会做人。因此，教师只有既当好“经师”，又当好“人师”，才能担当起教书育人的重任。教师若不重视自身思想品行修养，在言行上表现出双重人格，学生对教师关于做人的教育就难以信服，甚至还会产生逆反心理。身教重于言教，立身是立言的根本。

(2) 教师人格融合了素质教育的重要特征。素质教育是充分弘扬人的主体性，注重开发人的智慧潜能，注重形成人的精神力量的教育。“应试教育”最大的弊端之一，在于对学生的独立人格缺乏真正的尊重，把人看作是社会附庸，从而使学生沦为考试的奴隶。作为对“应试教育”的直接反驳，素质教育正是要唤起学生的主体意识，发展学生的主动精神，形成学生的精神力量，促进学生生动活泼地成长，帮助学生创造自信和朝气蓬勃的人生。这是素质教育最重要的特征。从主体性出发，素质教育十分重视开发学生的智慧潜能，发展学生的个性。而教师人格的基本指向是教书育人，要求教师根据教育教学的规律和学生身心发展的水平与特点，组织和开展一系列教育教学活动。在教学过程中，充分尊重学生的主体地位，发挥教师的主导作用，把传授知识同思想启迪、陶冶情操、心灵塑造结合起来，既教书，又育人，培养学生广泛的兴趣，激发他们的求知欲，充分调动学习积极性，促进学生整体素质协调发展。

(3) 教师人格渗透于素质教育的基本内容。在教育内容上，“应试教育”偏重于智育，追求高分数，追求升学率，导致学生缺乏应有的分析问题、解决问题的能力和创造力，不能灵活地、自如地运用自己所学的知识解决实际问题，高分低能的现象比较突出。而素质教育既重视对学生的知识传授，更注重其能力的培养，要求全面提高学生的思想道德、文化科学、劳动技能和身体心理素质，使学生在这几个方面的素质都能得到提高。在具体教育内容上，坚持面向全体学生，因材施教，促进学生生动活泼地发展。合理安排教育时空结构，组织好学科课程、活动课程和微型课程，优化必修课，规范选修课，适当减少和压缩教学内容和授课时间，加强课程安排的灵活性和多样性，努力促使科学教育和人文教育的双向拓展。这就对教师提出了新的更高的要求。而教师人格的基础是德、才和创造力。

它要求教师精益求精，增进学识，努力提高和完善自身，成为“学生可以视为榜样并拿来同自己作比较的人物”，成为学生学习的指导者、探索者、开拓者和实践者，以及学校与社会的沟通者、维系者与协调者。

(4) 教师人格影响着素质教育的方式方法。“应试教育”一切围绕考试转，考什么，教什么，为了考试成绩，搞死记硬背、加班加点、题海战术，使学生整天处于高度紧张的心理状态中，严重削弱了德、体、美、劳以及开发智力、培养能力等方面的素质培养。教师人格的核心是关心爱护学生，具有热爱学生的品质，它必然摒弃这种以牺牲大多数学生为代价的教学方法，改革传统的教学方法，创造全新的教学方法体系。变“灌输式”为“启发式”，变训练式为开发式，把被动变为主动，始终把激发学生的欲望放在重要位置，重诱导，重探索；既有按程序化教材进行的“传授式”，又有以学生探索为主的“发现式”；既有按程序化教材进行的“自动式”，又有创设环境、激起情绪的“情景式”；既有面向全体学生的“集体式”，又有照顾学生差异的“个别式”。“愉快教育”“成功教育”“和谐教育”和“目标教学”，可以说是殊途同归。

俄国大教育家乌申斯基曾经说过，教师的人格对于年轻的心灵来说，是任何东西都不能代替的，教师的人格是教育事业的一切，只有人格才能影响人格的发展和形成。在全面实施素质教育的历程中，我们有理由要求提升现代教师人格。

2．教师职业生涯人格完善策略

教师职业生涯人格完善要求教师要做到以下几点。

(1) 要坚定职业信念，要有奉献精神；要严于律己。当教师认识到自身工作的神圣和重要性的时候，就会逐渐将社会对教师角色的要求转化为教师个人的心理需求，在教育的过程中体验到满足感和成就感，产生一种强烈的自豪感，并渐渐形成坚定的职业信念，为教师职业生涯人格发展打下坚实的基础。

(2) 不断学习，开阔视野。教师要树立终身学习观，不断完善知识结构和能力结构。广博的知识可以促进教师形成正确的自我认识，掌握自我调整的方法，终身学习是职业素质提升的关键。

(3) 形成正确的自我认识。教师在自我认识中要学会用发展的眼光、辩证的方法去看待自己，避免对自己评价过高或过低的极端化，自我认识越恰当，他的社会适应能力就越强，就越能合乎实际地确定自身人格完善的努力方向，制订切实可行的行动计划。

人是独立而特殊的个体，只有对自己的认识越深刻，才越能帮助自己有效地调整工作压力、生活挫折及内心冲突所带来的困扰。认识自我，包括自己的个性、兴趣、优缺点、工作能力及所负担的角色。不少教师在工作中的压力是对自己缺乏了解，教学工作不能从实际需要出发，目标定得太高或者过于理想化，最终难以避免挫败，导致付出与成功不相符，心理失去平衡。此外，教师要充分发挥自己的个性优势，在教育教学工作中扬长避短。如，教师的性格是内向还是外向，处事是主观、迅速，还是民主、松散。教师的年龄随着一年一年地不断增大，但所教学生的年龄却逐年呈下降趋势。“学生越来越难教”在很大程度上是社会变革对学生价值观的改变，教师若不能勇敢地面对教育现实的挑战，仍然采用一成不变的教育策略，则容易产生职业适应障碍，降低工作效率。

(4) 保持稳定乐观的情绪。教师需要培养对于情绪的自我觉察能力；教师需要学会控制和调整自己的情绪，积极的情绪体验可以使教师感知敏捷，想象活跃，记忆牢固，利于教育教学工作的顺利开展，提高教师的教学效能感，促进教师职业生涯人格的完善。

(5) 建立良好的人际关系。教师要善于将各种人际关系组织、协调起来，在亲密温暖的人际关系中，教师才会感到心情愉快，热衷于教育事业，形成活泼、主动、积极的特性，并发扬个人的独特风格。

和谐的人际关系是教师发挥角色作用、工作成功的重要保证之一，反之，人际关系恶化很容易导致心理障碍，使人陷入无穷乏味的名利纠纷之中而不能自拔，同时也会严重腐蚀校园风气。俗语说“文人相轻”，教师读书多，学识广，容易看高自己，看贬别人，这种人际关系的价值取向已为时代的进步所摈弃。首先，认识、接纳自己，了解、尊重他人是教师良好的人际关系之基础。教师如果喜欢拿自己的优点和别人的短处相对比，这样人就比较容易自信，但有碍于人际关系的建立。金无足赤，人无完人，教师必须正视并接受来自于内部和外部的、对自尊心有威胁的各种因素，如家长、学生对自己教学成果的评价，荣誉的得失，自身冲动行为所造成的后果。教师勇于向自我挑战，不断超越自我，才能拥有健康的心态，以积极的人生态度与他人和谐相处。另外，有效的沟通对人际关系的建立也很必要。英文“I am sorry”(很抱歉)成为外国人相互沟通时的常用语。国外研究发现，师生关系紧张的原因中，有60%的因素是缺乏有效的沟通。沟通既能了解别人，又能从别人那里进一步了解自己，也能容纳别人与自己不同的观点。掌握沟通的技巧：坦诚、友好、信赖、尊重、同情与理解，将会加强人际间的互助关系。

(6) 学会反思。优秀教师=教学过程+反思，教师反思能力是教师自我意识的表现形式，有利于形成教师的创新意识和创新精神，促进教师创新能力的养成，是塑造教师创造性的重要途径。

(7) 自我激励，不断超越。教师在教育工作中要克服各种消极因素的影响，将内心潜在的自我完善欲望转化为不懈的实践努力，激发工作积极性和热情。如何进行自我激励呢？确立奋斗目标；立即展开行动；正确认识困难；培养自信心。

总之，人格健康的教师既知道如何工作，同时又有多方面的生活情趣，善用休闲时间缓解工作压力，当压力过多难以承受时，懂得寻求社会支持以避免心理失衡。只有心理健康的教师，才能培养出心理健康的学生，才能适应职业发展的需求，以不断的创新精神推动素质教育向前发展。

三、高校教师职业生涯专业能力发展

(一) 专业能力发展的内容

1. 从教师专业能力发展理论看专业能力发展的内容

根据对教师、教学、知识等概念理解的差异，我们可以将教师专业能力发展归结为三个取向，即理智取向(intellectual approach)、实践反思取向(practical-reflective approach)以及生态取向(ecological approach)。关于这三个基本取向的认识，不同的研究人员有不同的理解，不同的教师也有不同的理解。

教师专业能力发展的理智取向(intellectual approach)。这种观点认为教师专业能力发展的理智取向就是教师不断丰富自我获取专业知识的过程。“通过这一过程，教师获得新知识、技能，以及各种价值，这会改进他们所提供的教育服务的质量”。这种观点的倡导者注重对教师专业能力发展内容进行客观、理性的分析，建构教师专业知识、能力结构，并最终形成可测量、易操作的指标体系。

教师专业能力发展的实践反思取向(practical-reflective approach)。与理智取向强调教师专业知识与技能的掌握，寻求教师专业普遍的知识、能力结构不同，教师专业能力发展的实践反思取向强调教师作为一个“人”的独特性，强调教师个人生活与其专业生活的关联，更为注重教师“个人的”(personal)、“实践的”(practical)专业知识在专业活动中的作用。这种观点的倡导者认为教师主要不是通过“接受”知识，而是通过“反思”更清晰地理解自己，理解自己的实践，并因此而实现专业能力发展。

实践反思取向的学者注重教师在专业能力发展过程中的实践感受，并且十分重视教师在教学过程中的体现性，也就是说他们更为关注教师在个人情感上对教育工作的成就感和认同感。他们认为教师的发展不仅要包括个人知识的理性提升，同时也必须包含着他们对教师这一职业感情的发展与升华。情感、态度并不是与认知、理性相对立的，“情感与知识是内在交织的，知识以情感为前提，认知建立在情感偏好的基础上，情感又以认知为基础——情感离不开认知的诠释”。因此，坚持这一说法的人认为，教师在专业能力发展过程当中的情感体现与理性发展同样重要，都是教师在专业能力发展中不可缺少的一部分。

教师专业能力发展的生态取向(ecological approach)。生态取向的教师专业能力发展与以上两者的最大区别可能在于：它超越了理智取向、实践反思取向中主要关注教师本身的局限，强调教师发展的过程和成功与它所发生的环境十分相关，关注包括学校、社会在内的多种因素的和谐发展，尤其是文化的发展。“发展的种子再好，若撒在石头上也不会生根发芽”，因此要创造一个支持教师专业持续发展的环境。

2．从教师专业能力发展实践看专业能力发展的内容

从世界各国的教育发展实践来看，各个国家对教师专业能力发展内容的选择主要存在两种主要倾向。第一种是强调教师知识的不断提升与更新。在知识经济不断发展的今天，知识更新的速度不断加快，教师也应该根据时代发展的特点，对自己的知识结构进行适时的更新，以保证自己始终能掌握最新的科学技术知识。第二种倾向是教师要根据教育教学发展的特点，能够及时掌握最新的教学技术和教学手段。信息技术的发展将人类的生活带入到了一种新的模式，人们对于网络和计算机更为依赖，从互联网获取知识已经成为人们的一种日常习惯。作为知识传播者的教师，也应该及时适应技术的进步与时代的发展，掌握多媒体教学技术，并充分利用网络的便捷性，开展网络平台的教育。当然，就目前来说，开展网络教学的技术与模式还不太成熟，但是作为未来教育的一个基本发展趋势，教师要逐渐掌握并适应网络教学，保证自己能够在即将到来的教育模式改革中不被时代所淘汰。

就目前来看，人们已经深刻地感受到个人知识的丰富与升级与新技术和生活方式有着难以割舍的联系，这种联系在发展中体现得越来越明显。教师的专业能力发展就是要将这两种提升结合起来，不仅需要教师对最新的学科知识和教学理论进行及时学习，还要及时对最新的教学技术和教学方法进行学习掌握。

（二）教师个人发展与学校组织发展

根据生态心理学的有关理论，教师与其所处的教学环境和外部条件是相互影响、相互依存的，并且不同的外部要素与教师专业能力发展存在着复杂的内部联系。因此，对教师专业影响的因素除了教师本身，还要考虑教师内在与周围环境的相互作用。

1．教师个人发展

申继亮认为教师专业获得良好发展需要教师具有良好的职业承诺、特定的知识结构和自主发展等心理基础。

(1) 教师的职业承诺。教师的职业承诺(occupational commitment)是教师基于

对职业的热爱与情感而产生的一种对职业本身的尊重。教师的职业承诺体现着教师对工作的基本态度，无论是在工作的投入程度上还对恪守职责的职业态度上，都是教师职业承诺的体现。职业承诺的基础是教师对这一岗位的热爱，它体现着教师朴素的个人情感，也是教师职业道德的基础。

(2) 教师的知识结构。教师的知识结构是其组织教学活动，确定教学内容的基础，如果教师的知识结构不合格，那么其难以完成整套的教学工作。教学的主要目的是将知识传递给学生，如果教师本身没有知识可以传授，那么教学工作自然无从说起；另外，有些教师可能因为知识过于单一，导致教学效果不佳或者课程缺乏吸引力，这就需要教师不断完善与丰富自己的知识结构，并加强教学能力的培养。

(3) 教师自主发展。教师自主发展是指在专业能力发展过程中，教师充分发挥自己的主动性，采取针对性的手段与方法为自己的专业能力发展提供更好的支持。这种支持既包括内部支持又包括外部改善。内部支持是指，教师在自己的专业能力发展过程中，根据自身的特点有针对地制定促进自己专业能力发展的方式，比如挖掘自身潜能、自我监控、自我评价等；外部改善是指教师通过对教育环境的适应来促进自己的专业能力发展，当然在这个过程中离不开对教学环境和教学条件的改善。无论是对自身的改造还是对环境的适应，都是教师个人做出的决定，无论是在执行的灵活性上还是在措施的针对性上都有独特的优势。

一般来说教师的自主发展，主要包括以下几方面的内容。

1) 自主意识。自主意识要求教师在自己专业能力发展的过程中要有自己的意识和想法，它是教师主动性的一个重要前提，表达着教师想要提高自己知识水准，促进自己专业能力发展的强烈愿望。

2) 自主性。自主性是教师在专业能力发展过程中的一个重要特点，只有主动去提高自己，主动去创造环境才能为自己的专业能力发展提供有力的支持。

3) 自主策略。自主策略是指教师在专业能力发展过程中应该具备的对相关的方法的认识与策略。一般来说，教师的主要自主策略包括管理、物质环境、社会环境以及情绪调控等几方面。

4) 自主行为。自主行为是指在教师专业能力发展过程中，从自己制定的基本策略出发，所采取的各种提升自己专业水平与能力的行动。在专业提升实践当中，教师的自主行为主要体现在学生、班级管理以及为自身的发展争取更有利的条件两方面。

5) 元认知。元认知是教师在完成自己的专业提升行为和措施之后，根据相应的信息对自己的行为进行总结与反思，并根据反思的结果对自己的专业能力发展行为进行相应的调整。

教师自主发展的结构详见图 6-4。

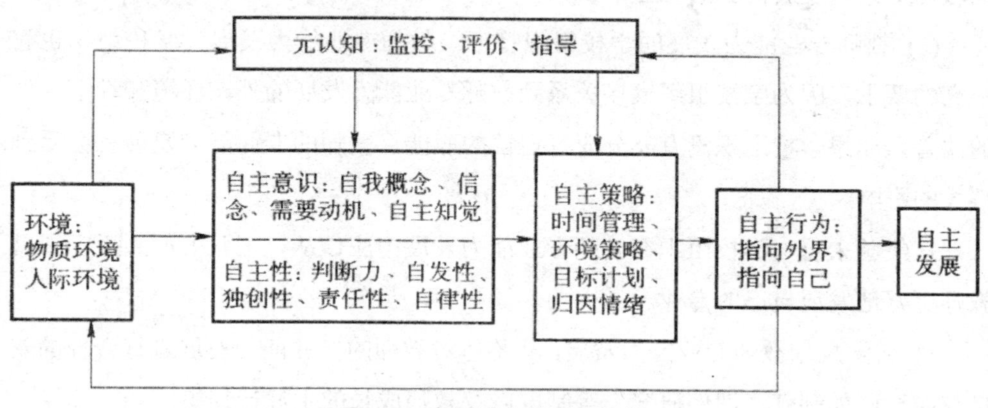

图 6-4　教师自主发展的结构

2．学校组织发展

教师专业能力发展是多个因素综合发展的结果，任何一个方面的单独发展都不能构成一个完善的发展体系。如果没有教师主动参与，教师的专业能力发展只不过是纸上谈兵，没有任何实际意义，当然也就不会产生任何效果；如果没有环境的支持，教师的专业能力发展会因缺少发展的养料而逐渐丧失活力。可见教师专业能力发展，需要学校的全力支持，也需要教师的积极参与，只有将二者有机地结合在一起，才能从根本上建立起符合教师专业能力发展的完整体系。

(1) 教师专业能力发展对学校组织的变革需求。教师专业能力发展需要学校的支持，而学校想要对教师的专业能力发展提供强有力的支持，就必须针对自身教育制度的缺陷进行补充和改革，从而为教师的专业能力发展提供支持。从学校发展教师专业环境的改革措施来看，可以从以下几方面入手。

1）学校应该转变自己在教育体制中的领导角色，建设服务型领导组织，将学校领导的重点从行政领导转变为教育领导，将主要的精力放在提高教育教学质量上。

2）发挥学校在教学领导中的激励作用，通过一系列的激励措施提高教师专业能力发展的积极性。

3）加强对教师的了解，通过思想教育提高教师专业能力发展的内在动力，帮助教师更好地发展自己的专业。

(2) 教师专业能力发展的学校组织管理。教师专业能力发展对学校组织也有很高的要求，因为学校组织直接关系到教师专业能力发展的外在环境和教学条件的改善，如果学校组织没有充分履行自己的职能，教师的专业能力发展就会受到很大的影响。

从经验来看，学校组织在教师专业能力发展中应该从以下几方面入手，帮助教师更好地发展自己的专业。

1）科学规划教师专业能力发展，从整体对教师的专业能力发展进行合理的安排与布局，如制订“课例研究”等制度以及教师成长的生涯计划等。

2）推进制度建设，不断建立和完善教师专业能力发展制度。在教师专业建设中，学校要明确自己的态度是否支持教师专业的发展，还要根据学校实际建立一套完整的教师选拔、聘任以及专业进修制度。

3）学校应该为有志专业能力发展的教师提供一个良好的交流与发展平台，将这些教师组织到一起，为他们创造一个学术气氛浓郁的专业能力发展和研究环境，提高他们专业能力发展的稳定性。

（三）教师教育课程

教师教育课程是教师专业能力发展的保证，它是一种重要的文化素养培养机制，能够针对教师的未来发展提供有针对性的教育，并弥补教师在专业能力发展中的不足。

1．职前教师教育课程

教师个人的知识结构决定了教师组织教学的方式和教学的内容。著名的教育培训学家舒尔曼在自己的著述中将教师的教师职前课程分为以下 6 个主要范畴。

(1) 内容知识：以本学科为基础的知识储备和基础科学知识，这些知识是学生认识与学习的主要内容，教师必须熟练地掌握。

(2) 学科教育学知识：知识的教授需要一定技巧，为了保证教学效果，教师更应该注意自己教学知识的学习与积累。

(3) 学习者的知识：教学是一项复杂的工作，需要对学生有一个正确的认识，才能做到因材施教，比如心理学知识和学生辅导知识在教学中的应用，就生动地体现了这一特色。

(4) 一般教学法知识：这些知识主要包括教师的课堂管理、班级组织的管理等。

(5) 课程知识：课程知识是教师要传授给学生的主要内容，虽然最普遍但却是最难以把握的一个环节。

(6) 教育脉络知识：教师教育学生，不仅要教授学科内容，还要帮助学生建立完整的学科知识体系，而教师是否了解教育知识的脉络，是否建立完整的科学知识体系，决定学生能否在其启发下完善自己的知识体系。

我国学者大多认为，教育课程由普通教育课程、学科专业课程、教育专业课程等三大板块构成。

(1) 普通教育课程。普通教育课程主要是教授学生基本学科知识的课程，从课程性质上来说，我们可以将其分为人文科学课程、社会科学课程以及自然科学课程，这三种课程是每一个学生都要学习的。

(2) 学科专业课程。学科专业课程是教师具备所教学科知识的保证，研究表明，在某个确定的因素处于稳定的状态下，教师所掌握的学科知识越扎实、越深刻，其教学质量就越高，也就是说在限定的范围内，教师的学科知识水平与教学质量是正相关的关系。

(3) 教育专业课程。教育专业课程是解决教师“怎样教”的课程。这些课程包括 6 个学习领域：

1) 儿童发展与学习：儿童发展、学生认识与学习等。

2) 教育基础：教育哲学、课程设计与评价、学校教育发展、班级管理等。

3) 学科教育与活动指导：学科课程标准与教材研究、学科教学设计、综合实践活动等。

4) 心理健康与道德教育：学生心理辅导、学生品德发展与道德教育等。

5) 教育研究与专业能力发展：教育研究方法、教师专业能力发展等。

6) 教师职业技能：教师语言技能、书写技能、现代教育技术应用技能等。

2．关于在职教师教育课程的改革

由于教师的水平层次各不相同，对在职培训的要求也多种多样，既有学历性继续教育，也有学术性继续教育，还有满足教师学习和发展需要的继续教育。因此，在职教师教育课程要针对不同层次、不同类型、不同规格和需求的培训对象与培训目标设置，既有共性也有个性，既有必修也有选修，使课程设置形成灵活机动多元化的新格局。

第七章　教育决策及决策的民主化

第一节　教育决策的性质与类型

一、教育决策的概念

西蒙(Herbert A. Simon)认为，管理即决策。他说：“正如行动的任务贯穿于整个组织一样，决策的任务也贯穿于整个管理组织中，二者紧紧地交织在一起。一般的管理理论必须包括能够确保作出正确决策的组织原则，正如它必须包括确保有效地行动的原则一样。”教育决策在教育管理中占据着同样的地位，它是教育管理过程中的重要环节，直接影响着教育改革与发展的目标、方向，一个成功的教育决策通常会带来教育的发展，而一个失败的教育决策却往往阻碍教育的进步，甚至会造成严重的教育失误。

对教育决策内涵的理解，目前有两种观点：一种观点主张，教育决策是对教育行动方案的最后抉择，是“拍板”的过程。另一种观点则主张，教育决策是对教育未来行动确定目标，并选择一个能实现预期目标的行动方案的过程。这两种观点既有区别，也有联系。区别在于，前者将教育决策视为一个点，具有即时性；而后者将教育决策视为一个过程，具有持续性。联系在于二者都共同反映出教育决策的基本内涵，即教育决策者为了实现一定时期的教育目标、完成特定的教育任务而对教育组织中的各项活动、事务所进行的方向性的规定与安排。

(1) 教育决策的主体是指各级教育政策的制定者，其中包括党和国家的各级机关、学校领导者以及参与教育决策的各相关利益群体。

(2) 教育决策的内容是教育组织中的各项活动、事务。根据教育决策内容的涉及范围，可以将教育决策分为广义的教育决策与狭义的教育决策。广义的教育决策是指教育决策者对教育组织中的各项事务、活动的规定与安排，强调教育决策内容的全面性、过程性；狭义的教育决策是指教育决策者对教育组织未来发展中的各项事务、活动所做的决定，强调教育决策内容的前瞻性、即时性。

(3) 教育决策的目的是实现一定时期的教育目标，完成特定的教育任务。任何的教育决策总是朝向某个预定目标的。现实教育管理实践中几乎找不到没有任何目标的决策活动，实现目标是一切教育决策最根本的任务。

二、教育决策的特性

(一) 普遍性

教育决策的普遍性是指教育决策伴随教育管理的整个过程。一般管理理论将管理划分为计划、组织、领导和控制四种职能，决策活动贯穿于管理活动的始终，并且占有首要地位。虽然教育管理不能与一般管理职能一一对应，但管理学的研究成果对教育管理的研究同样具有借鉴意义。无论我们如何划分教育管理职能，教育管理活动各职能的发挥与各职能的衔接都要通过作出正确的教育决策来实现，即教育管理活动的启动要做决策，保证教育管理活动的正常运行要做决策，某一阶段管理活动的终止也同样要做决策，因此教育决策处处有，时时有。

(二) 前瞻性

教育决策的前瞻性是指教育决策的超前意识与时代意识。教育决策应符合未来一定时期经济社会发展的需要，应与教育事业的发展方向紧密相连，这决定了教育决策必须要具备前瞻性的特点。判断一个教育决策成功与否的重要标志之一就是判断其是否具有前瞻性，是否能够适应经济社会发展的需要，是否能够满足人们日益加大的教育需求。这就需要教育决策者具有较高的教育觉悟性与教育判断力，通过对已有信息的收集与整合、加工与处理作出正确的价值判断，从而作出科学合理的教育决策。

（三）求实性

教育决策的求实性是指教育决策要从实际出发，根据现有的教育资源与教育条件因地制宜地制定教育决策，既不要保守不前也不要好高骛远，做到实事求是。教育决策者要根据国家教育的总体发展情况，各地方的实际教育发展情况与学校及其他教育机构的普遍问题情况，作出有效合理的教育决策。

（四）互动性

教育决策的互动性是指教育决策与实践之间的双向互动。从图 7-1 中可以看出，教育决策者的主观判断通过教育决策而体现，教育决策的效果通过政策实施反映于客观教育实践，根据一定的标准对教育实践结果进行评价，其评价的结果又将对下一次的教育决策产生影响。也就是说，教育决策产生教育政策，教育政策作用于实践，教育实践的信息又反馈作用到教育决策者的主观认识，继而为下一次的教育决策提供参考信息与可借鉴的经验。

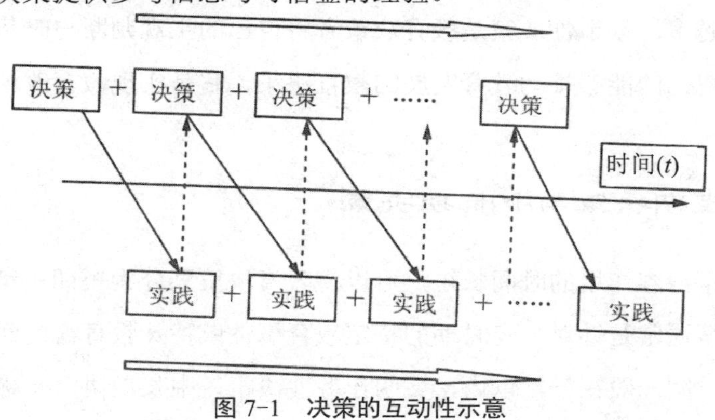

图 7-1　决策的互动性示意

三、教育决策的类型

根据不同的划分标准，可以将教育决策划分为不同的类型。

（一）程序型决策与非程序型决策

根据所要解决的教育问题的性质不同，可以将其划分为程序型教育决策与非程序型教育决策。程序型教育决策所解决的问题具有重复性和例行性，同时也是教育决策者熟悉或是经常遇到的教育问题，在对此类问题做决策时，可以采用确定性、程序性的教育决策。例如，学校处理学生退课的程序、学校资助贫困学生的程序等。非程序型教育决策所要解决的问题具有突发性、不确定性，是教育决策者不能提前预知与掌控的教育问题。当教育决策者遇到此类问题时，没有现成的解决方案，只能根据具体问题做具体决策。例如，学校应对突发安全事件的处理。

（二）居中性决策、请求性决策与创造性决策

根据决策的来源与决策者身份的不同，可以将教育决策划分为居中性决策、请求性决策与创造性决策。居中性决策是教育决策者根据上级教育部门的工作方针与指示要求而作出的教育决策，旨在使下级教育部门与各级教育机构顺利贯彻实施决策的内容。请求性决策是指教育决策者发现教育组织中存在的问题并要求其改变与修正的教育决策。通常情况下，请求性教育决策越多，该组织所存在的教育问题就越多。创造性决策是教育决策者将自己的主观判断与时代精神相互结合，创造性提出的能够推动教育发展的教育决策，它是实现教育改革与发展的重要推动力量。

（三）短期决策与中长期决策

根据决策内容作用的时间长短，可以将教育决策划分为短期决策与中长期决策。短期决策通常是针对一定时期的特定教育事件或特殊教育需要而制定的教育决策，作用时间一般在一年以内，又叫业务性决策。中长期决策又称为战略决策或战术决策，其作用时间较长，不因外界因素干扰而需要长期坚持，具有持续性。例如，我国教育改革与发展坚持教育公平的教育方针，缩小城乡、地区间的教育不均衡等即是长期教育决策。

（四）个人决策与群体决策

根据决策主体的不同，可以将教育决策分为个人决策与群体决策。个人决策也叫作个体决策，是指教育决策的整个过程由特定的某一个人制定完成的决策，

个体决策能够花费较少的时间、精力，且教育决策者的决策思路不容易受外界影响。群体决策又称为集体决策，是指决策的整个过程由两个以上的参与者组成，所提出的决策方案是多人的共同意见与观点。采用个人决策还是群体决策要视具体问题而定，通常情况下，较为重大的决策建议采用群体决策的方法，可以避免由个人主观认识所造成的失败决策。

第二节　教育决策模式与方法

在现代决策理论中存在着诸多理论模式，这些理论模式都是从不同的角度对人类决策行为规律性的理论概括。虽然每一种决策模式都不是完美的，都存在着片面性，但它们都有其合理之处。研究和介绍这些不同决策模式，对于我们探讨教育决策的规律性具有重要参考价值。

一、教育决策模式

（一）古典模式

完全理性是古典决策模式的前提假设。古典决策模式将决策的生成视为由完全理性的决策者在获得所有对决策可能产生影响的信息后，按照最优化原则所作出的理性选择的过程。

根据古典决策模式，决策过程一般由以下 7 个步骤构成。

1．明确决策问题

决策过程的第一个步骤就是明确问题。只有在对问题有了较为清晰的认识后，才能对症下药找到解决问题的办法。明确决策问题还要分清问题的重要程度与紧急程度(见图 7-2)，哪些问题是必须马上解决的，哪些问题是可以延缓解决的，哪些问题是可以予以忽略的，这就需要教育决策者认清问题的性质。图 7-2 的横坐标表示所遇到问题的重要程度，纵坐标表示所遇到问题的紧急程度，所形成的坐标轴中的任意点即表示了所遇到问题的性质。对不同性质问题的解决方案见表 7-1。

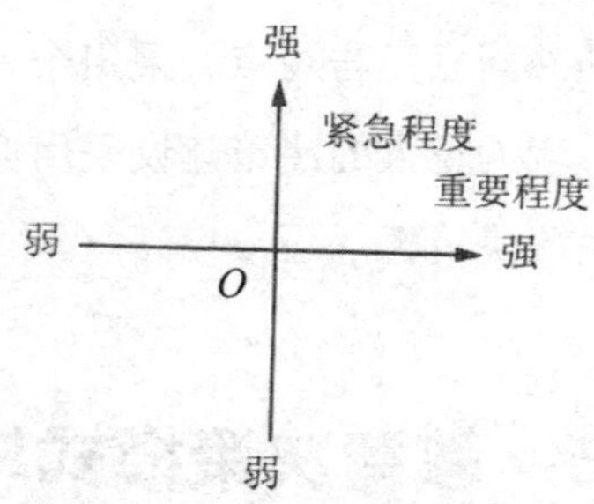

图 7-2 决策问题紧急程度之间的关系

表 7-1 不同解决方案表

	第一象限	第二象限	第三象限	第四象限
问题重要程度	强	弱	弱	强
问题紧急程度	强	强	弱	弱
问题解决对策	重点解决	立即解决	可以忽略	延缓解决

2. 确立决策目标

在古典决策模式中，目标应是没有冲突的。教育目标、培养目标、教学目标等都是明确、单一的，决策的作用就是实现这些目标。教育决策者还要明确这些目标的实现与哪些因素有关，教育政策、学校环境、教师素质、学生人数等因素是否影响决策目标的实现。

3. 列举备选方案

列举所有能够想到的备选方案，无论这些方案是好是坏，或是多么不成熟都应列举出来，此阶段不应包括方案的筛除，若此阶段淘汰某些方案会降低作出最优选择的可能性。

4. 评价备选方案

教育决策者要对每一个备选方案的结果进行评估。杰塞夫·雷茨(Joseph Reitz)推出了此过程的三个步骤：①决策者必须识别每种选择方案的可能结果，无论是积极的还是消极的。②决策者必须估计每种结果的积极价值与消极价值。③决策者还必须估计每种方案的可能结果。

5．选择决策方案

此阶段就是教育决策者从诸多教育备选方案中选择最优决策方案的阶段，该最优方案应该是能够有效地解决当前教育问题、实现教育目标的方案。往往在此阶段教育决策者要面临选择的困境，如果最优决策方案是显而易见的，那么选择的决策方案是容易的，但是往往教育决策者面临的现实情况是没有最好的，只有相对较好的或是相对不差的几个方案。

例如，一所中学的教务主任想要雇用一名临时数学老师代替突然请病假的数学老师来完成本学期的数学课程。一种选择是雇用一名有着良好教学记录但缺乏中学教学经验的前小学数学教师。另一种选择就是从附近的中学雇用一名普通的数学老师，根据以往学生的反映此老师教学枯燥无味。第三种选择是雇用一名具有丰富教学经验的退休老教师，但这位老师可能随时因身体不适而不能进行教学。教育决策者在没有最优方案选择的情况下，只有选择一个相对不差的决策方案，并不断重新获得备选方案，重新选择最优方案。

6．实施决策方案

教育决策者一旦确定了选择的决策方案，就要实施决策。教育决策者往往不是教育决策实施的对象，因此如果要更好地使决策方案得到实施，教育决策者就要尽可能地考虑到前几个步骤中可能出现的情况与存在的问题。教育决策的实施成功与否与被实施者的积极性、外部环境等有关。

7．评估决策效果

决策过程的最后一个步骤是评估决策的实施效果，即决策实施的结果是否达到了预期的决策目标。此阶段可以采用定量评价方法与定性评价的方法，如果实施结果与预期决策目标存在较大的差距，那么就必须重复决策过程。

（二）行为模式

完全理性的前提假设使古典决策模式在实际运用中显得不切实际。通常情况下，教育决策者不能完全地意识到所有存在的教育问题，且所获得的信息也是有限的，在选择教育决策备选方案时也常常受到周围其他因素的影响，从而导致教育决策带有一定的片面性。不同于古典决策模式，玛丽·兹(Mary Zey)的行为主义决策模式包括以下内容：①决策在某种程度上总是建立在不完全理性的基础之上，往往与面对的真实问题性质不完全一致。②决策者不可能产生成功解决问题的所有方案。③备选方案由于其不能准确预测所有的解决办法，因而也不能被充分评估。④最终决策是建立在一定的标准基础之上的，而不是最优选择。因此不能决定哪一个方案是最优方案。

同样，为了克服古典决策模式的弊端，西蒙提出了一种有限理性的决策模式，这种决策模式的目的是寻找一个令人满意的而不是最好的决策。

满意决策模式的基本假设：①决策过程是有关事件的循环过程，这些事件包括确定和诊断困难、提出解决困难的计划以及对组织成效的评价等。②管理过程是组织中的个人和团体执行决策的过程，管理包括决策和行动两大部分，而决策是管理者的首要任务。③管理决策的完全理性是不可能的，因为人们没有能力作出最优决策，只能作出合理的决策。④管理的基本职能是为每一个组织成员提供一个良好的作决策的内部环境。⑤决策是行动的一般模式，存在于所有的功能性的和任务领域的管理活动中。⑥所有复杂组织中的决策过程都具有相同的形式。

教育决策者在作出教育决策时同样面对的是有限信息与有限理性，在不可能收集到所有信息的情况下，教育决策者只能根据已有的信息作出令人满意的决策，而非最优的决策。行为决策模式的决策过程也被称为行为圈(见图 7-3)，其具体步骤如下：

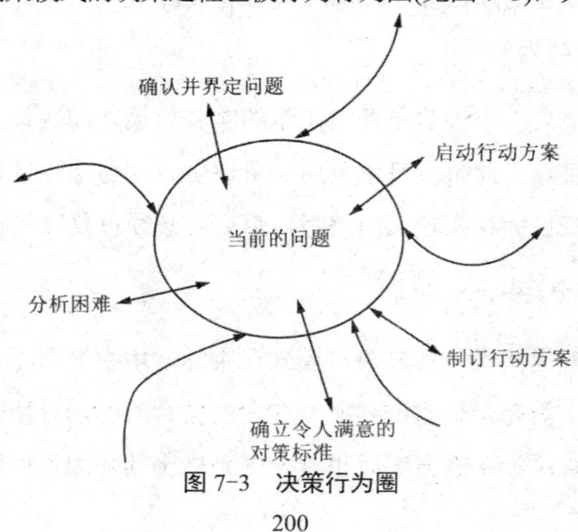

图 7-3　决策行为圈

1．确定并界定问题

确定并界定教育问题是教育决策的第一步，教育决策者要增强对问题的敏感性，及时发现问题并发现问题背后隐藏的更深层次的问题。如果教育管理者在面对已经出现的问题时仍认为“我们一切顺利”“目前问题不大”这类思想，那么教育组织将因教育管理者的迟钝反应而陷入麻烦之中。正确的将所遇到的教育问题进行归因也是确定并界定教育问题的重要环节。例如，在面对“择校热”问题时，短期的教育决策可以以地理位置为基础，采用就近入学的原则指定儿童所进入的学校。而从长远来看，隐藏在“择校热”问题背后的深层次问题是由于学生与家长想要获得优质的教育资源，而现存的学校教育资源水平参差不齐，在不得已的情况下进行“择校”，由此我们就可以界定出“择校热”的根本问题在于学校教育资源的不均衡。

2．分析当前情境中的困难

决策过程的第二步与第一步紧密相关。更有学者将前两个步骤视为同一个整体，但决策过程的第二步骤更加强调将教育问题进行分类，即划分为常规式的教育问题还是非常规式的教育问题。常规式教育问题通常可以采用程序化教育决策，其问题的解决有固定的程序与步骤；而非常规式教育问题通常不能采用程序化教育决策，其问题的解决没有可以依照的程序与步骤，只能靠教育决策者进行实践探索。并且。常规式的教育问题通常由较低层次的教育决策者实施，而非常规式的教育问题通常由较高层次的教育决策者实施。

3．确立令人满意的对策标准

在明确了所存在的问题并且对问题进行分类后，接下来教育决策者就要确立教育决策所要达成的目标是什么，行为模式认为决策目标没有最优的，只有令人满意的。而一个令人满意的决策标准是什么？此时教育决策者可以将决策结果按满意度大小进行排列，从长期目标与短期目标等多角度对满意的标准进行考量。

4．制订行动方案

制订行动方案是决策过程的中心环节。教育决策者将根据以上步骤所收集到的信息制订一个系统的、较为成熟的行动方案。在获得成熟的行动方案之前，制订一系列的备择方案是必要的，并且尽可能科学地预测每个备择方案的实施结果，评价对比后确定行动方案。

5. 启动行动方案

启动行动方案是决策过程的最后环节，该阶段包括四个步骤：计划、沟通、监控、评估。计划是将行动方案具体化，使之具有可操作性。计划一旦作出，教育组织中的每一位成员都应明确自己在教育决策实施中的具体任务与责任，并且也要知道其他人的权利范围，这就需要成员之间的及时沟通与交流。监控就是对行动方案实施监督控制的过程，保证行动方案的顺利进行。评估是对一个周期的决策圈所进行的评估，即判断其是否达到预定决策目标的过程。评价阶段预示着上一个决策圈的结束，下一个决策圈又将从此开始。

（三）渐进模式

教育管理中的许多问题可以通过运用行为决策模式予以解决，但行为决策模式在实际的实施中也存在许多弊端，面对复杂多变的教育问题，决策者很难对问题有清晰、准确的认识，同时也难以掌控来自多方面的对教育决策满意程度的评价。为了弥补行为决策模式的不足，林德布鲁姆(C・E・Lindblom)、布雷布鲁克(David Braybrooke)等学者提出了渐进决策模式，并对这一模式进行了不断的改进，使之合理规范化。渐进模式具有以下特征：①目标设置、方案制订与作出决策同时进行。②只考虑与现实情况相似的决策意见。③只分析现实情况与预计结果之间的差异。④对各种具体适用的备择方案进行连续对比。

渐进模式认为，教育组织中的人、事、物的复杂性和对事件发生的不确定性，以及由于备择方案过多而无法取舍等因素，造成了行为决策模式无法实行，因此，渐进模式采取试误式的、渐进式的小步子方法去解决面临的教育问题。林德布鲁姆把这种决策方法解释为模糊决策科学，认为在问题比较复杂、不确定和充满冲突的时候，这种决策模式可能是唯一能够系统解决决策问题的方法。渐进决策不预先制订目标，不需要殚精竭虑地分析备选方案和结果，也不需要决定哪一种决策比较合适，而是紧密地联系现实情况提出少量的选择方案，将这些方案与结果不断地进行比较，找出适合解决现实问题的方案，然后尝试用这一方案来解决问题，一旦发现问题应立即采取新的方案。

渐进决策模式采用的尝试、对比与小步子决策方法的最大优点就是大大减少了备择方案的数量，使决策者容易作出决策。但其缺点也显而易见：首先，忽视了对决策目标的设定，容易在不断尝试的过程中偏离最初解决问题的根本；其次，渐进模式采取的是探索式的决策方法，没有既定的、现成的程序规律，只能依靠决策者一步步地试误，因此所存在的风险较大，所花费的成本较高。因此，渐进决策模式不适用于重大决策，一些小的决策可以采用此种模式，可以收到良好的效果。

例如，我国教育改革与发展的方向与教育方针的设定不适于采用渐进教育决策模式，一旦运用此种决策模式出现偏差，其所付出的代价是巨大的。而对于中小学的日常管理，以及教育教学方法的改进可以尝试此种方法，以便灵活地掌握决策的效果，并不断对其进行修正、改进。

（四）混合扫描模式

基于渐进决策模式自身的局限性，埃米塔伊·埃兹尼奥提出了旨在解决不确定性与复杂性情境问题的决策模式，即混合扫描决策模式，又称为综合审视决策模式。混合扫描模式涉及两个核心问题：组织的使命与政策是什么？什么样的决策将推动组织实现某使命与政策？

混合扫描模式的原则直截了当。埃兹尼奥提出了混合扫描模式的 7 项基本原则，韦恩·霍伊(Hoy w．K)和约翰·塔特(Tarter C．J)将其归纳如下：

1．集中尝试和纠错

首先，寻找合理的备择方案；然后，对其加以选择、实施和验证；最后，当结果清晰时，进行调整和修正。集中尝试和纠正假定，由于缺乏重要信息，因此，只能依靠部分信息进行决策，再根据新的资料进行仔细的监控和修正。

2．谨慎尝试

时刻准备在必要时修改行动方案。管理者要把每项决策看作一项实验，期待着对其进行修改，这一点很重要。

3．如不确定，则尽量拖延

拖延并不总是一件坏事。当情况模糊不清时，尽可能地拖延，以便获取更多信息并对其进行分析，然后再采取行动。复杂性和不确定性经常使拖延合乎常理。

4．分步执行决策

分阶段执行决策，评估每一阶段的结果，然后进入下一个阶段。

5．如果没有把握，则把决策分成几个部分

犹豫不决的决策可以分成几个部分进行试验。不要把你所有的资源都用来执行一个决策，与此相反，充分利用部分资源，直到出现令人满意的结果为止。

6．两边下注，以避免损失

如果每一个彼此有竞争的备择方案都有令人满意的结果，就逐一付诸实施，然后再以这些结果为基础进行调整。

7．时刻准备推翻你的决定

努力使决策处于一种试验性状态。推翻决策可以避免决策者在只能获得部分信息的情况下对行动方案的过度投入。

混合扫描模式源自医学，就像一个高效的内科医生在给病人看病时，经过详细检查之后，医生可以将治疗的目标集中到人体的某一部分，并对其进行治疗，根据治疗的效果不断改进治疗方法和所使用的药物。如果一个疗程后病情未见好转，则医生可以尝试其他的方法。

二、教育决策方法

（一）定性的决策方法

定性决策方法是教育决策者根据本人或教育组织中其他成员的共同智慧所进行决策的方法。在定性决策方法中，教育决策者根据已有的知识储备以及教育经验，通过逻辑思维与理论思维的加工，在对教育问题进行分析、判断的基础上作出决策。主要有以下几种方法。

1．头脑风暴法

头脑风暴法(Brain Storming)是由美国心理学家亚历克斯·奥斯本(Alex F．Osborn)提出的一种被广泛应用的决策方法。头脑风暴法在于创造一种自由、轻松的谈话氛围，鼓励与会者畅所欲言，互相交流，在充分表达看法的情况下激起创造性思维的火花，使与会者的讨论结果不断趋向一致与集中，最终得到解决某一问题的特定方法。

头脑风暴法的操作程序：

(1) 准备阶段。相关负责人应事先对所议问题进行一定的研究，弄清问题的实质，找到问题的关键，设定解决问题所要达到的目标。同时选定参加会议人员，一般以 5~10 人为宜，不宜太多。然后将会议的时间、地点、所要解决的问题、可供参考的资料和设想、需要达到的目标等事宜一并提前通知与会人员，让大家做好充分的准备。

(2) 热身阶段。这个阶段的目的是创造一种自由、宽松、祥和的氛围，使大家得以放松，进入一种无拘无束的状态。主持人宣布开会后，先说明会议的规则，然后随便谈点有趣的话题或问题，让大家的思维处于轻松和活跃的状态。

(3) 明确问题。主持人扼要地介绍有待解决的问题。介绍时须简捷、明确，不可过分周全，否则，过多的信息会限制人的思维，干扰思维创新的想象力。

(4) 重新表述问题。经过一段讨论后，大家对问题已经有了较深程度的理解。这时，主持人要记录大家的发言，并对发言记录进行整理。通过记录的整理和归纳，找出富有创意的见解，以及具有启发性的表述，供下一步畅谈时参考。

(5) 畅谈阶段。为了使大家能够畅所欲言，需要制订的规则：

1) 不要私下交谈，以免分散注意力。

2) 不评论他人发言，每人只谈自己的想法。

3) 发表见解时要简单明了，一次发言只谈一种见解。

主持人首先要向大家宣布这些规则，随后导引大家自由发言，自由想象，自由发挥，使彼此相互启发，相互补充，真正做到知无不言，言无不尽，然后将会议发言记录进行整理。

(6) 筛选阶段。经过多次反复比较和优中择优，最后确定1~3个最佳方案。这些最佳方案往往是多种创意的优势组合，是大家的集体智慧综合作用的结果。

为保证头脑风暴法的效果，要注意遵守以下基本原则：

(1) 严格限定问题讨论的范围，要明确提出解决问题的具体要求。

(2) 在某一与会者发言结束前，不要批评或讨论其所提意见，同时也不要试图以任何方式影响其谈话思路。

(3) 鼓励并欢迎更多的观点。

(4) 发言要简练，观点要鲜明。

(5) 拒绝使用发言稿或是提前准备好的材料发言，提倡即兴发言。

(6) 鼓励与会者对已经结束的发言进行改进与讨论。

2．名义群体法

名义群体法(Nominal Group Technique，NGT)结合了头脑风暴法的某些原则，其最大的不同是与会者不仅要提出解决问题的意见，而且还要对这些意见进行评价、投票选择。

教育决策者在实施名义群体法时要遵循以下几个步骤：

(1) 观点悄然产生。这个阶段需要5~10min。在一间屋子前面张贴一张写有要解决问题的表格，群体成员被要求将解决问题的办法写在表格里。他们要很谨慎，既不能相互讨论，也不能抄袭表格中其他人的意见。

(2) 转圈记录观点。领导者围着屋子转，让每位群体成员都能发表自己的观点，领导者将其观点记录在表格中。循环往复，直到所有的观点都能尽情地表达出来。这个步骤的主要目的是想得到群体观点的一个清晰的列单，作为群体的一个总结。

(3) 讨论这些观点。依照次序对表格中的每个观点都要展开讨论。领导者读完一个条目，就要问大家该观点是否有问题、是否需要修正，大家是否同意。

(4) 初步表决的重要性。每名参与者都要在一张 7.5cm×12.5cm 的卡片上独立表决，写下自己对各种方案的排列次序，秘密表决。名义群体决策过程在这里或许就结束了，或者随后再进行进一步的讨论和重新投票表决。

(5) 补充讨论。投票表决方式经过分析、检查，决定是否能作出一个更加准确的决策。

(6) 最终表决。最终表决与初步表决的形式相同，采用名义秘密投票的方式。这一行动完成了整个决策过程，标志着决策的终结。

研究表明，名义群体法在提供意见的数量与质量方面均优于头脑风暴法，同时也优于普通的群体决策法。运用名义群体法，教育决策中的各成员的创造性思维可以得到更多表达的机会，同时也获得了更多评价他人意见的机会。尽管如此，许多学校的管理者在实际操作时仍然没有很好地运用这种方法进行教育决策。

3. 德尔菲法

德尔菲法(Delphi method)是由兰德公司的研究人员在20世纪50年代创造的。与头脑风暴法及名义群体法相比，德尔菲法的最大特点是与会者不进行面对面的讨论，其决策的产生完全依赖于一个“隐形的群体”。运用德尔菲法进行决策时，参与者不需要集中于某一特定场所，可以通过发邮件的形式进行投票而产生决策结果，这给许多忙碌的专家提供了便利，可以不因时间与空间的限制而进行决策。同时，这也是收集覆盖较广范围信息时的有效方法，例如，某省在减轻学生课业负担的改革中可以通过对学生团体、教师团体、家长团体以及全国教育专家使用德尔菲法，从而得出最终决策。

其基本步骤如下：

(1) 拟定决策提纲。在确定决策目标的情况下，设计调查问卷，并对调查问卷的内容进行反复修正。参与者的作答要求是：标明事件发生概率的大小；对问题作出“是”或“不是”的明确回答；对判断的依据和判断的影响程度作出说明；对决策问题熟悉程度作出估计。

(2) 选择参与者范围。所选择的参与者一般是有名望的或从事该工作数十年的有关方面的专家，根据调查内容的不同，可以适当将教职工群体、学生群体、家长群体作为参与者，但要控制好其所占的比例。人数一般控制在10~15人，对一些涉及范围较广、影响程度较深的决策可以选择 100 人以上。

(3) 独立决策。用发邮件或是单独谈话的方式要求每名参与者匿名写下对有关问题的决策意见和依据，并可以提供补充材料。

(4) 整理收集决策资料。决策的组织者将所有参与者对问题的反馈信息进行收集整理，使其条理化、清晰化。

(5) 修改决策意见。决策组织者将整理好的决策资料分发给每位决策参与者，使每一位决策参与者清楚地了解其他参与者对此问题的意见和解决方法。并要求每位参与者对其他参与者的意见和解决方法进行评价，进而对自己原有的解决方法进行改进与修正。

(6) 得出决策结果。如果需要的话，组织要不断地重复(4)、(5)两步，直到使决策参与者能达成一致意见。

如今，德尔菲法被广泛应用于商业、政府部门、军队以及各级学校中，就所得出决策的满意度来说，德尔菲法要远远优于普通群体的决策法。但德尔菲法也存在着某些难以克服的缺点，如受参与者主观影响较大，缺乏严格的论证，反复收集决策资料、反馈决策所花费的时间较长等。

4．电子会议法

最新的决策法是将专家会议与计算机网络技术相结合的电子会议法(Electronic meeting mothod)。决策的参与者围坐在一个大的会议显示屏前，参与者可以通过自己面前的计算机终端设备将对问题的意见与解决方法显示到会议显示屏上，同时投票的结果以及个人对其他参与者意见的评价也将显示在会议显示屏上。电子会议法有以下优点：一是匿名性。与会者通过匿名的方式将自己的意见输入计算机后，会议显示屏只显示意见的内容，而不显示意见的来源。二是真实性。与会者在不受外界干扰的情况下，凭借自己对该问题的看法直接表达观点，且会议显示屏所显示内容与与会者输入计算机的内容完全一致。三是高效性。数据显示，采用电子会议法进行决策比传统面对面会议的决策方式快 55 %。由于电子会议法的诸多优点，各企业单位、行政机构以及教育组织在进行决策时也逐渐开始使用此种决策法。

(二) 定量决策法

定量决策法是建立在数学运算的基础上，通过结合统计学、运筹学以及电子信息技术等科学手段，将决策的影响因素用数值大小表示，建立数学模型，以期求出方案的损益值，供决策者参考使用的决策方法。定量决策法相比于定性决策法的最大优点就是，克服了决策者主观因素的干扰，其决策的结果通常以数据作为支持，从而大大加强了决策的可信度与说服力。

1．决策树

决策树(Decision Tree)是将所要决策的问题通过图形来进行表达，通过计算解决问题的不同方案的损益值与期望值，选出较好方案的决策方法。决策树由决策节点、方案枝、自然状态点、概率枝等组成，从左向右形成一个树形网状图(见图 7-4)。

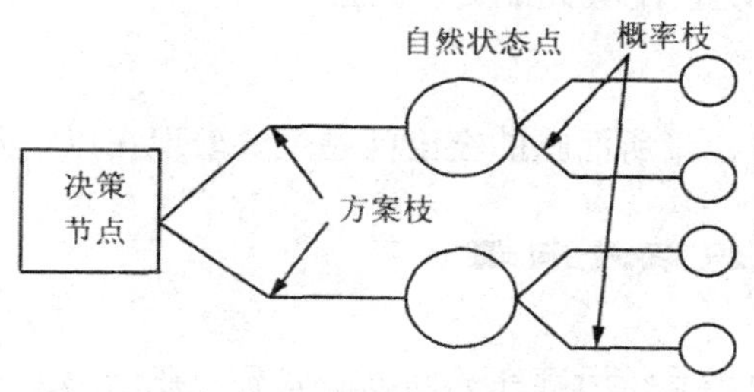

图 7-4　决策树结构图

2．矩阵汇总

矩阵汇总法(Decision Matrix)是把所要考虑的决策因素汇总起来，对各因素赋予一定的权重比例，通过计算得出总分，以方便决策者作出选择的决策方法。

第三节　教育决策的民主化

一、教育决策民主化的概念

教育决策的民主化，是指在以人为本的思想指导下，充分吸收与整合各教育主体的利益表达与权力诉求，对来自不同个体与群体的教育意见进行综合分析后所作出的教育决策。其具体体现在以下两方面：首先，教育决策必须以人为本，以学生为本。教育决策者要牢记“今天的孩子，明天的栋梁”的深刻意义，教育通过培养人的过程决定着国家未来的发展，因此教育工作者特别是教育决策者担负着重大的历史责任。任何教育决策的根本出发点都应是为了培养更多、更好的优秀人才，坚决抵制某些教育领导为了“政绩工程”“面子工程”的错误观念。其次，教育决策要吸收与整合来自不同教育主体的意见与建议。判断一个国家民主化程度的高低很大程度上体现于一个国家的国民是否能够自由表达自己的政治观点，其合理的利益诉求是否能够得到满足，这就需要教育决策的程序要规范化、程序化、法制化。

二、教育决策民主化面临的问题

当前，我国教育决策所面临的突出问题主要表现在以下四方面。

（一）决策组织系统问题

我国教育决策组织系统所存在的问题主要表现在：一是决策的专业化程度低，某些教育决策部门身兼数职，既是决策的制定者，又是决策的实施者，同时还是决策效果的评价者。这就使决策效果难以得到真实的表达与评价，造成了教育决策者“既是运动员又是裁判员”的局面，从而失去了决策的监督与反馈的真实性。二是已有的教育决策部门体制不健全，责任分工不明确。如果将一所学校看作一个最小单位的决策组织系统，那么校长理所当然具有最大的决策权力，也正因为如此，现实情况中很多中小学校长总是反映有做不完的工作，根本没有休息的时间，造成了困扰中小学校长的“迷茫”局面，其重要原因就是学校没有建立起良好的教育决策组织系统。所有的教育决策都要由校长一人独揽，如果能将校长的决策权力进行分级下放，不仅有利于学校中层管理人员能力的培养，而且也有利于制定符合实际需要的教育决策。同样的情况也出现于中央、省市、县区等各级的教育决策组织中。

（二）决策程序方法问题

科学的教育决策程序应该在科学的决策技术指导下，按照明确教育问题、确立教育决策目标、制定教育决策备选方案、抉择教育决策方案、实施教育决策方案与评价教育决策实施效果 6 个步骤依次完成。民主的教育决策程序要求以上各个步骤必须建立在教育决策主体是在规范、合法的环境下进行的决策过程。但现实问题是我国在实现教育决策科学化与民主化的进程中常常遇到来自教育决策程序与方法的阻碍，具体表现在：一是决策程序应有步骤的缺失与所采用的决策方法跟不上时代要求。以中小学管理中的决策为例，大多数中小学校的决策制定者仍然保留传统的会议决策方式，且决策的程序往往缩减至 4 个步骤甚至是 3 个步骤，这大大降低了决策的有效性与科学性。二是表现在我国教育决策程序的非制度化与非法制化。现行的法律缺少对教育决策程序与方法的制度性规定，这就使某些不合理的教育决策有机可乘，建立法治化的教育决策程序势在必行。

（三）决策主体参与问题

根据教育决策主体人数的划分，可将教育决策分为个人决策与群体决策。个人决策与群体决策具有不同的特点(见图 7-5)，针对不同的教育决策问题并结合集体决策与个人决策的特点我们应该选择不同的决策方式。

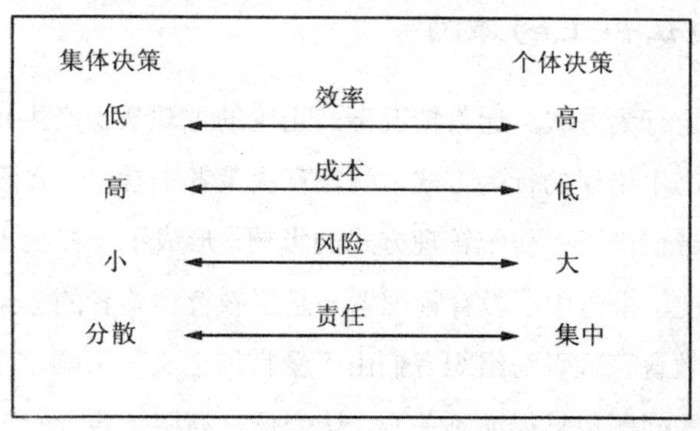

图 7-5　集体决策与个人决策对比

但在现实当中，教育决策常常集中于某一教育机构的领导或中小学校长一人，极易形成个人主义与主观主义的教育决策，且在面对重大教育决策时，个人决策所担负的责任较大、风险较高，这无形当中降低了教育决策者创造性思维的发挥，较容易使教育决策者采取保守式的、平稳式的决策方案，这不利于教育改革的创新。与此同时，在实际的教育决策过程中往往忽视了学生、家长、教师以及特殊弱势群体的教育决策意见，使制定的教育决策的满意度不高，从而造成实施的效果不佳。

（四）决策问责问题

由于教育决策的制定者往往同时也是教育决策的执行者，因此，很少有对教育决策实施出现问题后责任追究的明确规定，这在某种程度上引发了教育决策者在制定教育决策过程中的无责任感与草率决策的出现。近几年来，我国制定的一些教育决策带有盲目性与应急性，对教育决策实施的后果也未经细致审慎的思考与求证，因此导致了新的社会问题。然而，在这些教育决策面前，人们很少去追问：这些教育决策的制定者是谁？制定这些教育决策有什么科学依据？谁该对受这些教育决策影响的受教育者负责？

三、造成教育决策民主化问题的原因

面对教育决策中出现的种种问题，深究其存在的环境因素、人为因素等诱发因素，有利于我们对教育决策存在问题提出合理的解决对策。

（一）主观认识上的原因

主观认识决定行为方式。通常情况下，正确的主观认识产生正确的行为方式，错误的主观认识产生错误的行为方式。就教育决策者来看，一方面，处于高层的教育管理者与组织者们由于受传统管理方式的影响，形成了一权独大、大包大揽的教育决策方式，忽视了来自中层教育管理者与基层教育实施者的意见；另一方面，处于教育中低层的教育管理者与组织者们由于受官僚主义的影响，对即使是关系到自身利益的教育决策问题也显得漠不关心，认为那是高层领导者的工作与权力，对组织中所进行的教育决策缺乏参与的积极性；再一方面，学生、家长以及社会团体对教育决策的主观参与性也不高，传统观念中学生处于被动的受教育地位，对教师的教学内容，以及采取何种方式教都没有表达的权力，虽然时至今日我们的教育工作者一直强调“一切为了孩子，为了孩子的一切，为了一切的孩子”，但正是因为传统观念的根深蒂固使受教育者话语权缺失的现状一直没有改善。

（二）体制上的原因

从体制方面分析教育决策问题存在的原因有一定的深刻性与复杂性。简单来说，我们可以从教育决策系统的内在体制与外在体制两个方面来研究。首先，教育决策系统的内在体制不健全，未建立起同时具有独立性与专业性的教育决策组织机构。从我国教育决策系统的现状来看，教育决策参与者的缺失、教育决策方式的单一与教育决策途径的非制度化直接引发了我国教育决策中种种问题的出现。其次，教育决策系统的外在体制所造成的不良影响。部分国家公务人员的官僚主义作风仍然存在，从国家到地方仍然未形成一套健全的利益表达与整合机制，人民参与政治决策的积极性也仍然不高，这些教育决策系统外部的体制性问题深刻地影响着教育决策系统内部的发展，形成了难以逾越的鸿沟。

（三）主体素质上的原因

科学、民主的教育决策的形成首先需要的是具备高专业素质、高实践素质的教育决策主体。而在现实教育决策过程中，由于决策主体素质不高而导致的教育决策的失败也时有发生。首先，教育决策主体缺乏高专业素质。我们可以发现，教育行政管理人员的非专业化倾向愈演愈烈，而在通常情况下，教育行政管理人员又掌控着大部分教育决策的权力，对于缺乏教育管理基础知识与教育理论知识的教育行政管理人员来说，这无疑增加了他们制定符合教育规律的教育决策的难度。其次，教育决策主体缺乏高实践素质。即使教育决策主体在具备了足够的专业素质情况下，通常也不能作出一个较为科学、民主的教育决策，这是因为缺少了对教育实际现状的客观认识。而相对于专业素质而言，实践素质显得更为重要，脱离教育实际的教育决策往往导致的是一系列阻碍教育发展与社会发展的严重恶果，例如，“文化大革命”期间对教育事业的忽视，导致了一个时期人力资源的短缺。

（四）支撑系统上的原因

教育决策的支撑系统是指以现代信息技术为基础的，综合运用统计分析的方法，通过数据提供、数据加工与处理得出可供决策者参考的资料文本。由于教育决策的支撑系统对设备条件以及技术条件的要求较高，很多学校与地区的经济条件有限，不能提供必需的设备仪器与技术人员，因此出现了“巧妇难为无米之炊”的现状。对于有条件的学校与地区在建设教育决策支撑系统时也常常遇到困惑：教育决策支撑系统的硬件设备与人员技术都已配备齐全，但是所需数据却迟迟传送不上或是数据缺乏真实性，从而造成了教育决策的滞后性。

四、教育决策民主化的途径探索

教育决策的科学化与民主化要求教育决策者要有正确的主观认识与参与决策的积极性、健全的教育决策组织、合理规范的教育决策程序以及有力的监督机构共同协作完成，面对现有教育决策所存在的问题，可以从以下几个方面进行改进。

（一）提高对教育决策的认识

现代教育管理中最大失误的就是教育决策的失误，而导致教育决策失误的一个重要原因就是教育组织所面对的教育问题的开放性与复杂性日益加深，个体教育决策者的智慧与经验远远不能满足制定符合时代要求的教育决策。因此，解决这一问题的根本方法就是教育决策者要提高对教育决策的认识，明确其重要性与严肃性，避免个人主义与经验主义行为方式的产生；其次，教育决策者还要提高对教育决策方法与教育决策理论的认识，这有助于教育决策者采用科学的教育决策方法进行教育决策的实践；再次，教育决策者还要提高时代感与全球化的认识，把握世界教育发展的方向，从而制定出符合时代要求的教育决策。

（二）保证广泛的决策参与

教育决策的民主化要求教育决策过程必须有广泛的决策参与者，以保障教育决策内容的正确与公平。保证教育利益相关者的参与程度，关键的一点就是要改变精英决策的模式，鼓励多方利益的教育相关者共同参与教育决策的过程。西方一些民主国家在进行教育决策时就特别注重参与的广泛性，当一个教育政策议案进入政府议程时就会立即引起各个利益集团以及社会大众的普遍关注，这时有关的选民和利益团体就会通过院外活动等形式来游说决策者，表达自己对教育政策议案的意见并要求决策者采取行动。这样，一个教育政策议案从小组委员会到委员会，从委员会到院会，就是公众用不同形式不断影响政策议案的过程，甚至有时利益相关人还会在讨论政策议案时，当场给委员们递上一份意见或打出标语进行抗议。整个教育决策过程都有各种不同意见或不同利益的碰撞，体现各种社会主体的利益表达与整合，这样形成的教育决策才会成为名副其实的“民意”产品。

（三）健全教育决策组织

教育决策的成功与否很大程度上取决于教育决策者所掌握的信息是否真实可靠，这就需要一个健全的教育组织承担起有关信息的收集与分析工作。美国的“国家高质量教育委员会”与日本的“临时教育审议会”都是组织较为完备的教育咨询机构，其为教育决策部门制定科学与民主的教育决策提供了非常宝贵的政策建议。它们具有以下几个共同特点：①具有较高的独立性，即使面对政府的更迭也能够正常工作。②具有广泛的代表性。除了教育领域的专家，还经常有经济、文化等各界的专家，有教师和学生家长的代表参加。③与公众保持密切联系，能够进行广泛深入的调查。④占有比较充分的资料，有助于了解本国与外国教育的历史与现状。⑤定期公布研究成果，向政府提交最终研究报告。⑥其改革建议是咨询性的。这种委员会的组成得到政府部门的授权，可以独立进行研究和调查工作，可以自主地提出咨询建议，基本上不受行政部门的干预。

（四）规范教育决策的程序

根据所要解决的教育问题的性质，可以将教育决策划分为程序型教育决策与非程序型教育决策。在大多数情况下，教育决策者面对的是程序型决策，即对特定的教育问题作出决策的过程，这就需要结合科学的决策方法与对同类事件决策的反馈结果制订出科学的、规范化的固定步骤与程序，当再次遇到同类事件时，不仅可以节约选择决策方案的时间，并且也大大提高了决策的正确性与科学性。同时，要重视非程序型问题的出现，对可能存在的突发事件要制订预防机制与应急机制，特别是对关系到学生安全问题、学生心理问题等敏感工作要制订明确的负责人与工作计划，提高非程序型决策的准确性与可行性。

（五）强化教育决策的监督

对教育决策实施效果的反馈与监督是教育决策过程必不可少的环节，它是通过比较教育决策实际达到成果与预期实现成果的差异，旨在判断教育决策是否正确，以及对教育决策实施过程中的各个环节进行反馈与修正。可以从以下两个方面加强对教育决策的监督力度：一是从国家层面，首先，要制定出对教育决策评价监督的客观标准，并通过国家立法将教育决策的评价监督过程纳入法定程序；其次，建立独立的教育决策监督部门，以实现教育决策评价的真实性。二是从社会层面，充分发挥社会舆论与新闻媒体的监督功能，加强群众参与的监督力度，给予群众更多表达与参与监督的机会。

参 考 文 献

[1] 陈如平．效率与民主：美国现代教育管理思想研究[M]．北京：教育科学出版社，2004．
[2] 陈孝彬，程凤春．学校管理专题[M]．北京：北京师范大学出版社，2002．
[3] 陈孝彬．教育管理学[M]．北京：北京师范大学出版社，2008．
[4] 陈新民．德国公法学基础理论[M]．济南：山东人民出版社，2001．
[5] 程凤春．学校管理的 50 个典型案例[M]．上海：华东师范大学出版社，2008．
[6] 褚宏启，杨海燕，等．走向校长专业化[M]．上海：上海教育出版社，2009．
[7] 褚宏启．教育现代化的路径[M]．北京：教育科学出版社，2000．
[8] 丁念金．课程论[M]．福州：福建教育出版社，2007．
[9] 冯秋婷．西方领导理论研究[M]．北京：人民出版社，2008．
[10] 高洪源．教育管理学[M]．北京：北京师范大学出版社，2008．
[11] 葛新斌．教育领导乃是一种“道德艺术”[J]．比较教育研究，2007(12)：24-28．
[12] 顾明远．教育大辞典[M]．上海：上海教育出版社，1998．
[13] 郭秉文．学校管理法[M]．上海：商务印书馆，1916．
[14] 黄崴．教育管理学[M]．北京：中国人民大学出版社，2008．
[15] 李保强．学校管理概念歧见分析与逻辑认证[J]．上海教育科研，2001(2)：29-32．
[16] 李伟涛．我国教育管理体制改革三十年述评[J]．上海教育科研，2008(10)：16-19．
[17] 李永贤．建国后教育经费管理体制的发展及影响[J]．宁波大学学报，2005(5)：7-11．

[18] 刘诚芳．现代高校教师人力资源管理[M]．北京：民族出版社，2007．

[19] 刘传沛．校长管理智慧[M]．北京：教育科学出版社，2011．

[20] 刘茗．当代教学管理引论[M]．北京：教育科学出版社，1997．

[21] 吕杰昕．美日法三国义务教育经费管理比较[J]．江西教育科研，2006(10)：10-12，75．

[22] 马顺林．试析我国教育督导的历史、现状与未来[J]．当代教育论坛，2008(3)：20-22．

[23] 穆岚．法、德、日三国教育督导制度基本特点及其启示[J]．教育理论与实践，2008(22)：36-39．

[24] 蒲蕊．教育行政学[M]．北京：中国人民大学出版社，2007．

[25] 王斌华．校本课程论[M]．上海：上海教育出版社，2000．

[26] 王红．公共财政与教育财政制度的变革[J]．教育与经济，2002(4)：23-28．

[27] 熊川武．学校管理心理学[M]．上海：华东师范大学出版社，1996．

[28] 许象国．基础教育课程管理概论[M]．上海：上海教育出版社，2002．

[29] 祖晶．教育管理[M]．北京：教育科学出版社，1992．

[30] 米斯克尔，霍伊．教育管理学理论·研究·实践[M]．范国瑞，主译．北京：教育科学出版社，2007．

[31] 史特雷．向杰克·韦尔奇学管理[M]．吴溪，译．北京：机械工业出版社，2011．

[32] 达林．理论与战略：国际视野中的学校发展[M]．范国瑞，译．北京：教育科学出版社，2002．

[33] 奥尔德里奇．简明英国教育史[M]．诸惠芳，李洪绪，尹斌苗，译．北京：人民教育出版社，1987．